Collection Carnets d'alerte

Pour en finir avec la faim dans le monde, 2017.

LES SEMENCES

Carnets d'alerte

Dans une société où l'information est omniprésente, il est parfois difficile de s'y retrouver. Aucune vision globale, tout est divisé, les informations cruciales se retrouvent noyées, banalisées : difficile pour le citoyen de faire le tri.

Pierre Rabhi et Juliette Duquesne ont eu l'idée de réaliser des « carnets d'alerte » sur des thématiques capitales et globales dont les conséquences peuvent être graves pour l'humanité.

Cette collection propose d'alerter le lecteur sur des questions cruciales et d'une extrême gravité : la faim dans le monde, les semences et les OGM, la place de la finance, l'utilité ou non de la croissance… Autant d'enjeux qui nous concernent au plus haut point et requièrent toute notre attention. Comprendre ces problématiques doit contribuer à l'éveil des consciences.

Philosophe et paysan, Pierre Rabhi prend de la hauteur et donne un aspect poétique et analytique à ces sujets. Journaliste, Juliette Duquesne propose aux lecteurs d'avoir accès à une information synthétisée, aussi juste et précise que possible. Deux approches complémentaires.

PIERRE RABHI
JULIETTE DUQUESNE

LES SEMENCES

Un patrimoine vital en voie de disparition

Presses du Châtelet

Notre catalogue est consultable à l'adresse suivante :
www.pressesduchatelet.com

Presses du Châtelet
34, rue des Bourdonnais
75001 Paris.

ISBN 978-2-84592-704-9

Aux lectrices et aux lecteurs

Au point où je suis de mon itinéraire d'engagement actif en faveur de l'écologie, de la terre et de l'humanisme, j'éprouve le besoin de donner une plus large audience aux messages qu'un public ne cesse de valider par son adhésion. Pour ce faire, il nous a semblé que des livres simples et synthétiques seraient efficaces pour sensibiliser l'opinion à des problématiques de première importance.

D'aucuns savent que je suis, depuis plusieurs décennies, préoccupé par une évolution de la société dont il semble que le grand public ne mesure pas les enjeux et donc les graves conséquences qui menacent déjà de s'amplifier considérablement. Cela pourrait peut-être s'expliquer par la grande dissension qui ne cesse de croître entre l'espèce humaine et la nature, à laquelle nous devons tous la vie et la survie, sans la moindre équivoque.

Il est bien entendu que je ne suis pas seul à m'interroger et à agir, et que la société civile recèle bien des initiatives porteuses d'espoirs qu'il faudrait célébrer et rendre tangibles. Si l'on voulait résumer les choses, on pourrait dire que la politique conventionnelle est condamnée à exercer une sorte d'acharnement thérapeutique sur un modèle moribond, tandis que la société civile, nécessité oblige, élabore et met à l'épreuve des faits bien des alternatives porteuses d'espoirs.

Rappeler que l'espèce humaine continue à avoir de grandes difficultés à évoluer positivement est une banalité. Il importe donc de le ressasser, jusqu'à ce que la conscience en prenne conscience. Malgré une meilleure connaissance de la planète-oasis qui nous héberge au cœur d'un désert sidéral infini, elle reste toujours ravalée à un gisement de ressources à épuiser sans modération, avec des iniquités et des disparités abyssales entre superrepus et affamés chroniques.

Les considérations liées à des questions de première importance sont devenues ordinaires. C'est la raison pour laquelle les ressasser est désormais un devoir, avec l'espoir qu'elles puissent être entendues et comprises, pour susciter un art de vivre où la raison et l'entendement seraient enfin au service d'une intelligence suprême et généreuse, à savoir la lucidité.

Par ailleurs, il semble que l'immense danger qui menace notre devenir, dû à nos transgressions, ne soit pas estimé à sa juste mesure. Le symbole du *Titanic* vient à l'esprit, avec une différence de taille cependant. La planète Terre, pour très longtemps encore, demeure insubmersible, tandis que l'espèce humaine prend de plus en plus un caractère contingent et agit au risque de provoquer son propre naufrage !

Un manque chronique de compréhension des problématiques les plus décisives pour notre avenir nous met en danger. On dit que l'excès d'informations tue l'information. Nous pouvons en faire le constat, puisque les questions les plus déterminantes pour l'avenir restent ignorées ou mal comprises du grand public. Cette ignorance empêche de prendre les décisions et les résolutions fortes pour éviter d'aller « dans le mur ». C'est d'autant plus dangereux que l'histoire contemporaine est désormais mondialisée.

Il est étonnant que l'écologie, qui concerne chacune et chacun d'entre nous, sans exception aucune, soit traitée comme une question subsidiaire. Les grand-messes internationales comme la COP21 continuent à illusionner l'opinion en la détournant d'une logique mondiale meurtrière (la mondialisation étant une guerre économique réelle et destructrice). Dans ce contexte, la pulsion de l'accaparement et de la prédation du bien commun se trouve légitimée. La souveraineté absolue de la finance autorise de nombreux arbitraires dans le vivre-ensemble global.

Ces carnets sont destinés, si nous y parvenons, à faire émerger de l'inefficace excès d'informations ce que tout citoyen devrait connaître absolument. Cette connaissance a trait à des sujets déterminants pour la vie présente et l'avenir. Destinés à alerter l'opinion, ces livres inviteront les lecteurs qui le souhaitent à approfondir le sujet grâce à une bibliographie en fin de volume (voir p. 137). Leur objectif et leur finalité ne sont pas de traiter de façon exhaustive les problématiques concernant la société contemporaine : ce serait trop ambitieux. Ils sont destinés à clarifier la complexité de ce qui sous-tend et détermine l'ordre ou le désordre du monde et par conséquent le vivre-ensemble de l'espèce humaine. Tenter en toute modestie, de la façon la plus simple et synthétique, d'attirer l'attention des personnes qui en ont le souci sur les dérives préjudiciables à la continuité de l'histoire.

« Nous ne savons pas où nous allons, mais nous y allons », disait Pierre Fournier. À bien y réfléchir, la formule nous apparaît de plus en plus pertinente. Il se trouve que de nombreux spécialistes ont acquis des connaissances très approfondies par leurs travaux et leurs passions. Ces « carnets d'alerte » pourraient les désigner, les faire connaître et contribuer à révéler leurs travaux et leurs compétences spécifiques. Relier les personnes qui en ont le désir à des compétences et à des savoirs est indispensable dans le contexte d'un encyclopédisme stérile qui se révèle inefficace.

Dans chaque carnet, je tenterai en introduction de situer la problématique dans un contexte aussi large que possible, contribuant ainsi à préparer le lecteur aux enquêtes de Juliette Duquesne, dont les interventions sur TF1, durant une dizaine d'années, ont en particulier manifesté la compétence. Pour compléter cette réflexion, je répondrai à quelques interrogations en fin de chaque ouvrage.

Pierre Rabhi

Un patrimoine vital en voie de disparition

J'avoue être dans l'impossibilité de traiter d'un sujet, quel qu'il soit, sans tenter de le situer dans un contexte plus global. Ce contexte détermine en effet le rapport entre cause et conséquence. C'est la raison pour laquelle il m'est difficile de circonscrire mon propos exclusivement au sujet dont il est question dans ce carnet, sans prendre en compte les tenants et aboutissants d'une problématique spécifique. Par conséquent, je souhaite que cette introduction ne soit pas considérée comme une digression, mais comme le moyen de rendre plus intelligible la problématique des semences.

Les semences sont la plus belle offrande que la nature ait faite aux êtres humains et que ceux-ci se soient faite à eux-mêmes, de génération en génération, depuis plus de douze mille ans. Cette offrande s'est accomplie jusque dans les circonstances tragiques que sont les guerres des peuples entre eux, telle une sorte de quintessence traversant les siècles et les millénaires.

Ambassadrice éternelle de la vie, la graine est comme fermée sur son mystère et nous déconcerte.

Je reste fasciné par la puissance de vie concentrée dans son insignifiance apparente. Un seul grain de blé, par la prodigalité qu'il renferme, peut nourrir l'humanité tout entière.

Dès lors, pourquoi la faim dans le monde reste-t-elle ce fléau, le plus meurtrier de tous les crimes que les humains s'infligent sur la planète ? Selon les données de l'Organisation mondiale de l'alimentation, un enfant s'éteint d'inanition toutes les six secondes, souvent après une lente agonie, comme si la mort y prenait plaisir. Quelle raison peut justifier cette horreur, si ce n'est l'égoïsme des repus les plus dévoués à la mort ?

Ces peuples se gobergent à qui mieux mieux de leur force de frappe comme des gamins, l'innocence en moins. C'est de surcroît cette catégorie qui a perverti son génie créateur par la production lucrative d'armes dont la laideur fait du genre humain l'espèce la plus destructrice de vie. De nombreux experts affirment qu'une petite fraction des budgets consacrés à cette démence permettrait aux affamés de subvenir à leurs besoins vitaux.

La graine est l'ambassadrice silencieuse des forces qui donnent réalité au grand mystère, à cette intelligence qui, faute de pouvoir être révélée par la raison, faisait dire à Socrate : « Tout ce que je sais, c'est que je ne sais rien. » Paradoxalement, nous l'avons souvent souligné, cet aveu d'ignorance, par sa lucidité et son acceptation de la non-connaissance, instaure en nous une sérénité indestructible.

La problématique dont il est question ici s'inscrit au cœur de la complexité symphonique de la vie. On sait combien le positivisme radical, censé révéler la vérité, a pu tétaniser les corps et les esprits. Et l'on observe chez certains scientifiques de renom la nécessité de poétiser la perception du réel, pour ne pas succomber à un nihilisme qui nous transforme en otages de la vie, non en hôtes conviés à en jouir.

On estime à 75 % la perte du trésor universel semencier de l'humanité au profit des chimères et autres OGM que seules justifient la cupidité et la jouissance manipulatrice de certains êtres à la conscience attardée. Nous sommes témoins d'un processus de prise en otage de l'espèce humaine par la déraison, masquée de progrès, qui la condamne à la famine. Ces menaces d'une extrême gravité sont noyées dans un fleuve d'événements éphémères qui encombrent la psyché d'une société sans joie. On sait déjà à quoi aboutit la problématique des OGM, cause de suicides massifs de paysans en Inde.

Les semences sont également les symboles d'une sorte d'esprit mystérieux, les garantes tangibles et absolues de la pérennité de certaines espèces – la nôtre en particulier. Les incertitudes quant aux conséquences possibles de cette option devraient inciter à une grande prudence. On ne doit pas jouer aux dés avec le destin de l'humanité, et encore moins à la roulette russe.

Le problème est d'une telle gravité qu'il m'est apparu nécessaire de fonder le mouvement des Femmes semencières. La société contemporaine est particulièrement fertile en constats de toutes sortes sur ce monde qui va mal, mais les solutions pour faire qu'il aille mieux restent très insuffisantes, quand elles ne créent pas de nouveaux problèmes. Le temps d'agir en de multiples domaines est plus que venu, quand il n'est pas trop tard dans certains cas. Pour ce qui concerne les semences, les dégâts sont déjà faits, au préjudice de la vie.

Les fondements de la vie sont sapés de mille façons. L'une de ces exactions criminelles concerne les semences, dont trois quarts des variétés ont déjà disparu en un siècle. Si aucune décision planétaire et urgente n'est prise, il sera trop tard. On ne peut que déplorer l'ignorance des peuples face à une telle réalité.

Quand on reçoit ou donne de la semence, on donne de la vie. Cela n'est ni une métaphore ni du verbalisme, mais une réalité des plus objectives. Cette poignée de graines que l'on sème n'abolit pas notre condition de mortels, mais contribue à perpétuer le cycle de ce merveilleux et mystérieux phénomène auquel nous devons l'existence.

Cette continuité de la vie est symboliquement et objectivement reliée à la femme, porteuse de cette graine magique appelée ovule que la semence masculine éveille par un miracle dont l'enchantement n'a d'autre explication que le silence. Il me semble que la semence est sous l'égide de l'énergie féminine. Ces considérations paraîtront un peu forcées, ou gentiment naïves. Ces questions, je l'avoue, me rendent toujours lyrique. Que les rationalistes purs me pardonnent ces transgressions dignes du ravi provençal ! Peut-être contribueront-elles à réhabiliter cette sensation que la société de l'informatique, de la mécanique et de la télécommande a inhibée ? Dans une société desséchée par un positivisme pétrifiant, le recours à la poétique objective ne sera probablement pas superflu.

Réenchanter la vie et la société apparaît indispensable dans un monde convulsé par l'insatiabilité devenue un précepte, une sorte de devoir civique, afin que la prédation institutionnalisée ne subisse aucun handicap. Tandis que la société tente de préserver ce qu'il reste du patrimoine, certains semenciers résistants, avec tout leur courage et toutes leurs convictions, au risque parfois de sanctions arbitraires, s'efforcent de réhabiliter ce qui peut encore l'être.

Au-delà d'une action factuelle, ces initiatives louables contribuent à révéler au public le véritable attentat dont il est la victime. Il va de soi que certaines réglementations concernant les semences sont destinées à donner aux OGM et autres chimères l'espace lucratif le plus large possible. La pérennité par les semences doit être proclamée et appliquée car on ne mesurera jamais assez l'ampleur de ce drame. Ces considérations devraient susciter une indignation active pour mettre fin aux stratagèmes dont la pérennité des semences est l'enjeu.

Les mensonges que le monde du profit sait parfaitement et massivement produire n'ont pour objectif que d'obtenir le consentement hypnotique des citoyens. Il ne s'agit pas de prendre en otage les individus, mais leur entendement. La manipulation des foules est aujourd'hui amplifiée par les moyens technologiques de la fameuse communication, avec des stratégies dignes de Machiavel. Ainsi, la prolifération des écrans masque bien plus la réalité qu'ils ne la dévoilent.

La problématique des semences et l'activité agricole en général seraient-elles ravalées par le monde moderne à des questions et à des activités banales, voire subsidiaires ? Dans ce climat d'ignorance, on en arrive à souhaiter une pénurie alimentaire pour qu'enfin le vital et l'indispensable puissent être distingués du superflu. Et, pourtant, faut-il encore rappeler que c'est à l'agriculture que la culture doit ses lettres de noblesse ?

On imagine sans peine le désarroi des masses urbaines si la nourriture venait à manquer, comme cela s'est déjà produit en périodes de guerre. On peut se demander ce qui, au plus profond de la psyché collective, établit ce déséquilibre entre la ville et la campagne, si ce n'est le mépris de la terre, cette terre marâtre à laquelle il faut arracher sa pitance, en brisant ses membres et son dos.

Certes, il est vrai que l'histoire de la terre a une odeur de servage, mais cela tient essentiellement à l'asservissement de l'homme par l'homme. Pour les communautés agraires initiales, la terre-mère n'était pas la marâtre, mais la pourvoyeuse de la vie. Le paysan était à la fois fils, père et amant de cette glèbe vivante. Le monde moderne, avec une ignorance et une superbe travestie de science, l'a vulgarisée à l'extrême. Avec le succès du cerveau humain dans de multiples domaines, nous avons cru que le triomphe de Prométhée était enfin advenu et que le fameux « vous serez comme des dieux » était une prophétie accomplie.

Hélas, après une multitude de tentatives dans la strate élémentaire, l'être humain n'est performant que dans les prouesses éphémères que le temps se charge de banaliser, avant de les dissiper. L'adage selon lequel la terre éternelle ne ment pas ne cesse de se confirmer à mesure que les prodiges technologiques confisquent à l'être humain toute maîtrise sur son sort et son devenir. Avant qu'il ne soit trop tard, peut-être faut-il mettre un terme au processus où les super-machines produisent des sous-hommes ?

Les miracles issus de la connaissance et de la science révèlent dans le même temps notre impuissance à les maîtriser. Aujourd'hui, la capacité du cerveau humain à faire des prodiges lui en confisque dans le même temps la maîtrise. La dégradation de la condition de vie initiale naturelle et millénaire a atteint un seuil que la vraie intelligence nous recommande de ne pas franchir. Mais le voulons-nous et le pouvons-nous ? Sans électricité, sans énergie combustible et sans moyens de communication, le système actuel s'effondrerait. Comme aucune limite n'est prévue, on peut se demander légitimement si une conclusion est envisageable pour éviter la déflagration finale.

On hésite à proclamer ces évidences, de crainte qu'elles ne suscitent et amplifient le fameux pessimisme-optimisme dont on joue à l'envi. Faute de devineresses antiques, le monde moderne a recours aux statistiques et aux prospectives que l'accélération des événements met souvent en échec. Compte tenu de toutes les prédéterminations dont nous sommes les seuls déterminants, l'intelligence est une réalité omniprésente à laquelle nous sommes invités à nous ouvrir, sans la confondre encore une fois avec nos aptitudes.

Ne pas être conscient que la disparition des semences est un préjudice mortel, au sens absolu du terme, donne la mesure de l'ignorance humaine. Dans le contexte d'une société où la science semble avoir investi tous les secteurs de la connaissance dite moderne, la semence est comme la manifestation de ce qui se révèle pour agrandir le mystère, faute de l'élucider. Cette problématique a un avantage par rapport aux concepts abstraits dont on peut jouer à l'infini. Elle a trait à une réalité tangible et vitale, au risque d'une famine planétaire sans précédent.

Faut-il hurler jusqu'à en perdre la voix que les délits d'une science sans âme sont les plus grandes menaces au sein d'une modernité aveugle ? L'éveil des consciences est une nécessité impérative ! Laisser se généraliser des semences chimériques issues d'une convention entre Prométhée, Machiavel et Crésus relève de la non-assistance à humanité en danger. Prétendre résoudre les pénuries et les famines avec ces innovations est offenser l'intelligence.

Pour toutes ces raisons, nous espérons que ce carnet contribuera à la compréhension objective de l'un des problèmes qui, avec la terre, l'eau, l'air, la chaleur et bien d'autres facteurs subtils, est des plus déterminants pour la continuité de l'aventure humaine sur la planète Terre.

Préserver et réhabiliter ce trésor semencier est un devoir sacré. Les investigations de Juliette Duquesne sont destinées à rendre aussi intelligible que possible une question que tout citoyen devrait absolument connaître.

Pierre Rabhi

Enquête

Je tiens à remercier vivement Blanche Magarinos-Rey et Daniel Evain d'avoir pris le temps de relire les pages qui suivent. Leurs remarques ont été très intéressantes et précises quant au fond. Je remercie également toutes les personnes que j'ai interrogées pour réaliser cette enquête et dont la liste figure en fin d'ouvrage. Mes derniers remerciements vont à Aurore Roussel et Évelyne Duquesne. Leurs commentaires ont été très constructifs sur la forme.

Toutes les citations proviennent d'interviews effectuées dans le cadre de l'enquête. Il m'a semblé important d'interroger de vive voix la majorité des personnes sollicitées. Je remercie Rémy Carayol, journaliste au magazine *Jeune Afrique*, pour ces témoignages précieux d'agriculteurs burkinabés.

Toutes les informations sont sourcées en notes. Chaque fois, je me suis efforcée, autant que possible, de consulter le document ou de contacter l'organisme à l'origine du chiffre ou de l'information, et non de reprendre des données citées dans des journaux ou des livres.

Juliette DUQUESNE

Introduction

Trois quarts des variétés de semences ont disparu en un siècle, selon l'Organisation des Nations unies pour l'agriculture et l'alimentation[1]. Trois variétés sur quatre ! Un chiffre alarmant. Principales raisons de ce grave appauvrissement de la biodiversité : la réglementation, l'agriculture intensive et la privatisation du vivant.

Depuis plus de cinquante ans, les semences ne sont plus un bien public. C'est là un sujet crucial car il touche la base de la vie. Et, pourtant, cette problématique est peu connue. La réglementation est particulièrement complexe. Le sujet a toujours été maintenu hors de portée et de compréhension du grand public. Cette enquête vise à expliquer comment et pourquoi ce bien si précieux, qui devrait appartenir à tout le monde, a été privatisé par une sorte de hold-up légalisé.

Si les fusions comme celle des entreprises Monsanto et Bayer sont autorisées, 60 % des semences commerciales[2] seront contrôlées par trois sociétés dans le monde. En France, on peut déjà estimer que près de 90 % des semences appartiennent à cinq multinationales. En d'autres termes, presque tous les fruits, légumes et céréales que nous mangeons proviennent de graines créées par Monsanto ou Limagrain…

Détenir ce marché mondial représente des enjeux financiers colossaux. Celui qui possède la semence détient toute la chaîne alimentaire. En France, ce secteur est capital. Nous sommes le premier producteur européen de semences d'espèces agricoles, mais aussi le premier exportateur mondial, avec 3,3 milliards d'euros de chiffre d'affaires en 2015-2016[3].

En laissant les semences aux mains de quelques entreprises, la privatisation du vivant est en train de s'élargir et de s'accélérer. Depuis cinquante ans, le pouvoir politique a laissé les semenciers privatiser le vivant. Aujourd'hui, certaines entreprises vont plus loin grâce aux organismes génétiquement modifiés (OGM*) et à de nouvelles techniques de modification du génome, toujours plus sophistiquées.

Ces problématiques sont d'une telle gravité qu'il a nous a parfois paru nécessaire d'entrer dans les détails. Certains passages pourront paraître complexes ; ils sont indispensables pour comprendre le sujet crucial des semences dans toutes ses dimensions.

---

* Les mots ou expressions suivis d'un astérisque à leur première occurence sont définis dans le lexique, p. 131.

PREMIÈRE PARTIE

La plupart des semences reproductibles en toute liberté… sont interdites !

De tout temps, les hommes ont semé, ressemé et transmis des graines librement, agriculteurs comme particuliers. Un geste aujourd'hui interdit pour certaines d'entre elles. Pour être commercialisée en France et en Europe, il faut qu'une variété de semence soit inscrite au catalogue officiel. Et, pour être inscrite, il faut qu'elle réponde à trois critères : homogénéité, stabilité et distinction. Ces critères ne prennent en compte ni la qualité ni l'aspect sanitaire, mais répondent à une demande des années 1960 : développer un modèle productiviste.

Les semences soumises à une réglementation complexe et dangereuse

Homogène, stable et distinct : ces trois critères techniques correspondent à un petit nombre de types de semences. Il s'agit de variétés industrielles dites fixées, comme les hybrides F1*.

Les croisements entre deux variétés différentes, ou hybrides, ont toujours existé, de façon naturelle ou par le biais d'une intervention humaine. Mais les hybrides F1 sont particuliers. Ils font preuve de vigueur et de puissance pour une génération seulement. La descendance dégénère ensuite. En ressemant ces graines, l'agriculteur obtient une culture très disparate et inexploitable. L'agriculteur est obligé de racheter les semences chaque année : une aubaine pour les multinationales.

Pour certaines espèces, les sélectionneurs éprouvent cependant des difficultés à créer des hybrides F1. Pour le blé, l'orge ou le lin, par exemple, ces hybrides n'existent pour ainsi dire pas ; mais de nouvelles variétés dites améliorées, standardisées et homogènes, ont été inventées. Dans ce cas, les agriculteurs paient indirectement une cotisation destinée aux multinationales s'ils réutilisent l'année suivante des semences qu'ils ont obtenues eux-mêmes à partir des graines vendues par ces entreprises.

L'État et les semenciers expliquent que cette réglementation a été mise en place pour protéger la propriété intellectuelle. Une entreprise met au moins dix ans pour créer une nouvelle variété. L'industrie semencière investit en moyenne 13 % de son chiffre d'affaires en recherche et développement[1]. En Europe, les variétés sont protégées par un certificat d'obtention végétale (COV)*, système plus souple que le brevet* aux États-Unis.

De nombreux opposants à cette réglementation ne sont pas choqués de devoir payer pour des semences créées par des multinationales. En revanche, ils récusent l'impossibilité de commercialiser à grande échelle celles qui ont toujours existé, bien avant l'apparition des droits de propriété : les semences reproductibles en toute liberté*, des milliers de variétés appartenant au patrimoine de l'humanité. Cette réglementation, selon eux, a été mise en place pour que l'agriculteur soit obligé de racheter des semences chaque année. « Imaginez des clous qui se reproduiraient gratuitement sur l'établi du bricoleur : ce serait un non-sens pour le revendeur de clous. Pour les semences, c'est la même chose. Une multinationale a intérêt à ce que les agriculteurs rachètent des semences et des produits chimiques tous les ans », explique Ananda Guillet, directeur de Kokopelli, une association qui vend des semences reproductibles en toute liberté.

▸ **Ananda Guillet**, directeur de Kokopelli, est le fils du fondateur de l'association, Dominique Guillet. Kokopelli vend des semences reproductibles en toute liberté et en expédie gratuitement dans les pays qui en ont besoin. Un combat de première importance selon lui car, sans semence, pas d'agriculture ni même de vie. Il constate un intérêt grandissant du public pour cette thématique cruciale.

En cinquante ans, la réglementation a interdit et modifié une façon de semer qui existait depuis des millénaires. Le problème est que, depuis 1966 (date des premières directives européennes sur les semences), la loi a peu évolué. Aujourd'hui, ces semences standardisées, qui appartiennent à des entreprises, sont toujours les seules à pouvoir être commercialisées légalement. Les variétés reproductibles en toute liberté, également appelées semences anciennes, paysannes ou traditionnelles, qui ont toujours existé, ne peuvent pas être vendues. La culture de ces semences n'est pas réglementée, mais leur commercialisation est interdite. Une aberration, selon de nombreux opposants à cette réglementation. Même le don ou l'échange entre producteurs, jusqu'à date récente, étaient illégaux. L'échange vient d'être autorisé par la loi « pour la reconquête de la biodiversité, de la nature et des paysages », adoptée définitivement en juillet 2016.

Sous la pression de l'opinion publique et de certains agriculteurs, des dérogations ont été accordées. Mais elles sont limitées aux échanges entre agriculteurs de semences de variétés du domaine public et au marché des jardiniers amateurs. Le terme utilisé dans la réglementation pour désigner les variétés destinées à ces derniers est révélateur : « variétés sans valeur intrinsèque ».

Ces dérogations rendent la réglementation encore plus complexe car elles ne permettent pas de dire que la vente de toutes les graines reproductibles en toute liberté est interdite. Le lobby semencier se sert constamment de ces dérogations pour entretenir la confusion.

Les faits, en la matière, sont difficiles à établir. Les interviews[2] que nous avons réalisées avec Monsanto, leader mondial de la semence, et le Groupement national interprofessionnel des semences et plants

(Gnis*) furent particulièrement longues. Chaque question, chaque mot étaient repris.

Pour rendre le sujet accessible au plus grand nombre, nous avons dû simplifier cette réglementation incroyablement complexe.

Des semences standardisées

Dans les années 1960, les semences créées par des entreprises ont été les seules autorisées à la vente car, associées aux pesticides et aux engrais chimiques, elles permettent d'obtenir un bon rendement. Surtout, chaque fruit qui naîtra de ces graines sera similaire : même taille, même forme. Idéal pour les supermarchés et pour la demande de certains consommateurs.

Contrairement aux semences reproductibles en toute liberté, elles ne s'adaptent pas aux variations climatiques et aux terroirs. Elles standardisent les fruits, les légumes et les céréales. « Les variétés du domaine public, c'est notre patrimoine commun. Il est inadmissible qu'elles aient été rendues illégales par une législation qui n'avait vocation qu'à assurer la standardisation de la production agricole », souligne Blanche Magarinos-Rey, l'une des rares avocates en France à défendre la cause environnementale.

▸ **Blanche Magarinos-Rey** est avocate spécialisée dans l'environnement depuis 2006. Avocate de Kokopelli, elle a compris l'importance de la problématique des semences en défendant les droits de cette association. Fin 2015, elle a créé une association financée par des philanthropes, afin de se consacrer davantage aux causes environnementales. Elle déplore que la législation sur les semences soit si mal connue. Nombre de fausses informations circulent régulièrement sur cette thématique. Elle est l'une des seules, en France, à connaître précisément cette réglementation très complexe.

Ces semences standardisées ont eu un fort impact sur la biodiversité. Les trois quarts des variétés de semences ont disparu en un siècle. Une perte de diversité contestée par certains semenciers. « En France, la biodiversité cultivée ne fait que progresser. En 2000, on comptait trois mille cinq cents variétés commercialisées. Aujourd'hui, ce chiffre a doublé », répond Delphine Guey, directrice des Affaires publiques et presse de la filière semencière française.

▸ **Delphine Guey** est ingénieur en biotechnologie végétale, physiologie végétale et biologie moléculaire. Recrutée au Gnis en 1998 pour superviser la communication sur les OGM, elle est aujourd'hui directrice des affaires publiques et presse et directrice adjointe des relations extérieures au Gnis.

Mais le nombre de variétés inscrites au catalogue ne renseigne en rien sur la diversité. Une variété peut être considérée comme différente d'une autre sur un caractère insignifiant. En 2011, une étude[3] a analysé la culture du blé tendre en France depuis un siècle. Le constat est sans appel. Même si le nombre de variétés augmente, on observe une homogénéisation à l'intérieur même des variétés.

Les départements de France qui cultivaient auparavant différentes variétés très locales, dites « de pays », utilisent aujourd'hui de plus en plus de semences présentant des caractères très similaires.

Un autre article[4] montre qu'une part importante de l'augmentation du nombre de variétés au catalogue français est due au fait que de plus en plus d'espèces sont réglementées. Avant 1995, par exemple, il était possible de commercialiser librement des semences d'asperges. Ce n'est plus le cas aujourd'hui. Il est nécessaire de les inscrire au catalogue qui, par conséquent, voit son nombre de variétés augmenter.

Aujourd'hui, à travers le monde, tous les efforts visent à obtenir un nombre limité de variétés à haut rendement[5]. Au sein d'une même espèce, comme le blé ou le maïs, les variétés répondent à des critères très proches. Et la biodiversité diminue. L'insuffisance de diversité touche également les espèces cultivées. À peine cent cinquante d'entre elles sont semées sur toute la planète. Pour une grande partie de l'humanité, le chiffre se limite à une douzaine d'espèces cultivées[6].

Pour Olivier De Schutter, ancien rapporteur spécial des Nations unies sur le droit à l'alimentation (2008-2014), la coexistence entre les semences industrielles et les semences reproductibles en toute liberté pose problème aujourd'hui : « Les variétés traditionnelles proposées dans les circuits de semences paysannes – et dont dépendent encore la grande majorité des paysans des pays en développement – sont souvent exclues des listes de semences agréées tenues par les pays en vertu de leurs règlements relatifs aux semences. Elles figurent rarement dans les programmes de distribution de semences subventionnées. Le résultat final est la marginalisation ou la disparition progressive des variétés locales[7]. »

▸ **Olivier De Schutter**, juriste de formation, s'est rendu dans des dizaines de pays lorsqu'il était rapporteur sur le droit à l'alimentation. Expert indépendant aux Nations unies en tant que membre du Comité des droits économiques, sociaux et culturels, il est également chercheur et professeur de droit international à l'Université catholique de Louvain, en Belgique. Il coprésidé un groupe d'experts internationaux pour la recherche de systèmes alimentaires durables, IPES-Food.

Contrairement aux variétés locales, les variétés industrielles conviennent au modèle productiviste : meilleure conservation pour le transport, uniformité pour la grande distribution, au détriment du goût et de la qualité nutritionnelle. De ce type de semences, en effet, naissent souvent des fruits et légumes pauvres en nutriments et en oligoéléments et riches en eau. Pratiquement tous les fruits et légumes que nous achetons en supermarché, qu'ils soient bio ou non, proviennent de ce type de semences, inventées par des multinationales. « Dans le système dans lequel nous sommes, il me semble logique que nous ayons cherché à homogénéiser, analyse Philippe Desbrosses, l'un des fondateurs du mouvement bio en France. Il faut que toutes les plantes soient mûres au même moment. Mais, du point de vue de la nature, ce n'est pas logique. On gagne du temps pendant quelques années, mais cela ne marche pas éternellement. Il y a un moment donné où tout se dégrade, tout s'effondre. »

▸ **Philippe Desbrosses** est agriculteur et fondateur de la Ferme de Sainte-Marthe, en Sologne. Après une carrière de musicien, il reprend la ferme de ses parents. Aujourd'hui, sa structure propose de nombreuses formations, dont une sur la production de semences. Docteur en sciences de l'environnement, il a été cofondateur des principaux mouvements de l'agriculture biologique. Il a également été expert auprès de l'Union européenne.

Cette nourriture standardisée a des conséquences sur la santé. Pour avoir le même contenu nutritionnel qu'une pomme des années 1940, il faut en manger trois aujourd'hui. L'épinard, quant à lui, a vu sa teneur en potassium chuter de 53 %, et de 70 % pour le phosphore. Pour les carottes, le calcium a pratiquement baissé de 50 % et le magnésium de 75 %[8].

Autre exemple : le blé. Les variétés modernes, dites améliorées, sont plus pauvres en fer, en cuivre, en zinc et en sélénium. Pour ingérer la dose journalière recommandée en nutriments, il faut donc manger beaucoup plus de tranches de pain que par le passé.

Selon certains médecins, cette perte nutritionnelle explique en partie l'obésité. Il faut manger plus pour avoir le même contenu nutritif. Autrement dit, nous nous nourrissons de vide, de nombreux micronutriments ont disparu.

Face à cette perte nutritive et gustative, des cuisiniers de renom ont décidé de se mobiliser. C'est le cas d'Olivier Roellinger, grand chef cuisinier breton et vice-président des Relais & Châteaux. Il a signé avec d'autres grands chefs français une lettre ouverte contre l'invasion de l'agrochimie dans nos assiettes. « Un cuisinier ne sera jamais un magicien, précise-t-il. Il lui faut le meilleur. Il tente seulement d'être à la hauteur de la nature. Les cuisiniers de renom doivent s'engager. Nous devons sortir de notre tour d'ivoire. Nous ne sommes tenus par aucune pression politique et économique. C'est notre devoir de cuisiniers. Un cuisinier a la responsabilité de nourrir les humains. »

Olivier Roellinger cuisine tous les jours avec des épices et des variétés de fruits et légumes venus des quatre coins du monde. « Il y a une variété de tomate que je trouve merveilleuse, la tomate Alba. Elle vient du Pérou. Elle a des reflets blanchâtres. Elle a une meilleure tenue à la cuisson, avec des parfums de fraise et de fruits rouges. Cette tomate est unique et elle n'est pas dans le catalogue ! »

▸ **Olivier Roellinger** a une formation de scientifique. Devenu cuisinier et spécialiste des épices, il a eu jusqu'à trois étoiles au Guide Michelin, avant de préférer les « rendre ». Depuis longtemps opposé aux OGM, il s'insurge contre le diktat de ceux qui veulent s'approprier le vivant. Très proche de ses producteurs, il considère comme inadmissible la réglementation sur les semences.

Une réglementation de plus en plus remise en cause

Aujourd'hui, le problème de la biodiversité des semences est mondial. Même si la réglementation n'est pas exactement identique dans tous les pays du monde, le résultat est similaire : les graines appartiennent à des multinationales et la commercialisation des variétés reproductibles en toute liberté est interdite dans de nombreux États. Les États-Unis sont un des rares pays occidentaux à échapper à cette loi. Les hybrides F1 y sont très développés, mais les semences reproductibles en toute liberté sont autorisées à la vente et commercialisées par diverses entreprises.

En Europe, cette réglementation a été mise en place dans les années 1960, sans susciter une grande résistance. Personne ne connaissait alors les désastres de l'agriculture intensive. Les mouvements d'indignation face à la privatisation des semences ont commencé à naître dans les années 1990-2000, au moment même où, dans les autres pays du monde, cette réglementation restrictive sur les graines, inspirée du modèle européen, commençait à se mettre en place. Dans ces pays, le vote des lois sur les semences a rencontré une plus grande résistance que dans les années 1960 en Europe.

Dans de nombreux pays d'Amérique latine, au cours des années 2000, les gouvernements et les multinationales ont mis en avant des accords de libre-échange avec les États-Unis et l'Europe, afin d'imposer des droits de propriété sur les graines.

L'interdiction de commercialiser des semences reproductibles en toute liberté, dites « semences créoles » en Amérique latine, a été mise en place dans certains pays. En Colombie, d'importantes manifestations de paysans ont eu lieu en 2013 et un réseau de semences libres a vu le jour. Ces mobilisations ont parfois mélangé les causes, certaines associations ayant parfois tendance à confondre le combat pour semer et vendre des graines reproductibles en toute liberté avec celui de certains agriculteurs qui refusent de payer des royalties lorsqu'ils ressèment des variétés créées par les entreprises.

En Inde, dans les années 1990, sous la pression des multinationales, le gouvernement a appuyé la conversion vers l'agriculture intensive et poussé les agriculteurs à acheter des hybrides F1. La physicienne et militante écologiste Vandana Shiva a créé le mouvement Navdanya (« Neuf semences »), grâce à laquelle les paysans ont accès à des banques de semences reproductibles en toute liberté. Après avoir organisé des marches avec des centaines de milliers de fermiers, Navdanya a obtenu l'adoption d'une loi autorisant les paysans à commercialiser et à échanger des variétés reproductibles en toute liberté.

En France, de nombreux acteurs de la société civile (Kokopelli, le Réseau Semences paysannes, la Ferme de Sainte-Marthe, Germinance, Femmes semencières, Graines de troc, Graines de Noé…), des agriculteurs ou de simples amoureux de la nature luttent tous les jours afin de préserver la biodiversité. Ils tentent de maintenir et de réhabiliter des pratiques millénaires.

L'une des premières est Kokopelli. Cette association de militants vend dans l'illégalité des semences reproductibles en toute liberté, en grande majorité à des amateurs. Cette association refuse d'inscrire toutes ses variétés au catalogue officiel car elle juge la loi moralement arbitraire et préjudiciable à la société. Ses graines respectent les exigences sanitaires et de traçabilité, mais ses variétés ne sont pas stables et homogènes, elles ne respectent donc pas la réglementation. Elles vivent et s'adaptent au sol, à l'opposé des hybrides F1 manipulés par l'homme dans des laboratoires pour être stables, figés et standardisés. Depuis plus de quinze ans, l'association est constamment en procès. L'État français l'a même condamnée à 17 500 euros d'amende pour commercialisation de variétés non autorisées. Mais, sous la pression et devant l'incompréhension de l'opinion publique et de certains politiques, l'association n'a jamais payé son amende.

Un petit agriculteur de l'Ariège, Jeremy Esmiol, a connu le même problème. La Répression des fraudes l'a menacé de 450 euros d'amende car il vendait des plants dont les variétés n'étaient pas inscrites au catalogue. Des syndicats et des associations se sont mobilisés pour l'aider et il n'a jamais payé l'amende. Depuis, il continue de vendre ses plants et reste donc passible d'une nouvelle contravention. « C'est le monde à l'envers ! s'exclame-t-il. On fait quelque chose de simple et de naturel.

Vouloir le réguler, ne pas pouvoir reproduire nos graines nous-mêmes, c'est aberrant ! Cette réglementation a pour objectif de permettre aux entreprises de réaliser plus de profits. »

▸ **Jeremy Esmiol** est agriculteur dans l'Ariège. Ce maraîcher fabrique du jus de pomme. Sur les marchés et les foires, il vend cinq mille plants par an : semences de tomates, de courgettes ou de concombres adaptées à la région.

On pourrait multiplier les exemples de cas similaires. Jean-Luc Brault, membre du Réseau Semences paysannes, a fondé la société Graines del Païs, qui regroupe vingt-cinq producteurs de semences. « On pourrait inscrire certaines variétés au catalogue, reconnaît-il. Au départ, nous avons voulu entrer dans le jeu du Gnis. Nous avons déposé au catalogue l'oignon de Toulouse. Cela implique de travailler à ce que cet oignon soit toujours exactement le même. Sinon, il ne passerait pas le contrôle de la pureté variétale. C'est exactement l'objectif inverse de notre travail. » Les semences qu'il vend à des particuliers ne sont donc pas inscrites au catalogue. En 2014, il a été contrôlé. Quatre-vingt-quatre infractions ont été constatées, mais il n'a jamais reçu d'amende.

▸ **Jean-Luc Brault** a commencé par produire des semences hybrides F1 bio, mais la plus-value était accaparée par les grands établissements semenciers. En créant Graines del Païs en 2005, il a voulu favoriser une répartition plus équitable : un tiers pour le producteur, un tiers pour le fonctionnement de l'outil de commercialisation, un tiers pour les salariés de la structure.

Ces trois exemples sont révélateurs. L'association Kokopelli, Jeremy Esmiol ou Jean-Luc Brault sont dans l'illégalité, mais l'État et les semenciers laissent faire. Car, plus le sujet est médiatisé, plus l'opinion publique se rend compte de l'illégitimité de cette réglementation.

Quelques années plus tôt, en 1997, Philippe Desbrosses a eu moins de chance. Il a dû payer 1 200 francs à cause d'une pomme de terre que l'on croyait disparue et qui n'était pas inscrite au catalogue. « C'est scandaleux ! On se demande pourquoi les gens ne se lèvent pas. C'est la mainmise d'une minorité de multinationales sur le bien commun », regrette ce pionnier du mouvement bio en France.

Même les politiques connaissent mal cette problématique, tant la réglementation est complexe. Au lieu de la modifier de fond en comble, le législateur n'a cessé de la rafistoler, multipliant les petites dérogations qui ne rendent les choses que plus incompréhensibles. Seuls les experts en connaissent tous les rouages, de sorte que le lobby semencier a tout loisir de jouer sur les mots pour contourner les faits.

D'autres acteurs de la société civile préfèrent lutter en respectant la réglementation. Graines de troc permet d'échanger des graines, notamment grâce à un site internet. Cette structure est à l'origine des premières grainothèques. Aujourd'hui, il y en a plus de trois cents en France et à l'étranger. « Le troc de semences est un acte de résistance, affirme Sébastien Wittevert, fondateur de l'association. Cet héritage semencier, conservé depuis dix mille ans, peut s'arrêter du jour au lendemain. On ne peut pas s'en remettre aux semenciers qui font le travail inverse. Le troc est un outil d'autonomie pour les jardiniers. »

▸ **Sébastien Wittevert**, informaticien dans la finance, fonde Graines de troc en 2012 pour échapper à ce milieu qui ne lui convenait pas et retrouver du sens à sa vie. « Dès que j'ai pu planter, toucher des semences, j'en ai eu en permanence dans mes poches. J'étais émerveillé par cette diversité », s'enthousiasme ce jeune agriculteur. Aujourd'hui, son association compte quatorze mille troqueurs et cinq mille variétés.

Selon ces associations, il n'importe pas de préserver seulement la biodiversité des semences, mais aussi le savoir-faire. « La transmission des savoir-faire paysans représente un enjeu énorme, explique Guy Kastler, un des fondateurs du Réseau Semences paysannes. On n'apprend pas à reproduire des semences dans les formations agricoles. Les semenciers font tout leur possible pour nous empêcher de réacquérir notre autonomie en sélection de semences, parce que c'est le début du savoir-faire. Il ne sert à rien de changer les lois, s'il n'y a pas de transmission de savoir-faire de paysan à paysan. Défendre cette transmission est le premier objectif du Réseau Semences paysannes. »

▸ **Guy Kastler** est l'un des fondateurs du Réseau Semences paysannes, créé en 2003. Aujourd'hui, ce réseau regroupe des milliers de paysans et se développe rapidement. Aucun recensement officiel n'a été organisé par crainte de contrôles. Il est membre de la commission semences et OGM du syndicat agricole, la Confédération paysanne. Reconnu expert sur ce sujet, cet agriculteur participe à de nombreux débats nationaux et internationaux sur les semences.

Renée Vellvé, de l'association Grain, confirme l'importance de connaître les techniques de reproduction des semences : « Avant, produire ses semences faisait partie du travail agricole. Désormais, les scientifiques et les experts ont adopté une position plus ou moins arrogante. Ils prétendent détenir la science et connaître les lois de la génétique. Les paysans deviennent des consommateurs. À cause de ce type de clivage entre les experts et les paysans, nous avons des semences qui ne correspondent pas aux besoins des agriculteurs. »

▸ **Renée Vellvé** a participé à la création de Grain, en Espagne, en 1990. Un des objectifs de cette association est de dénoncer la privatisation du vivant qui se met en place par le biais de nombreux accords de libres-échanges bilatéraux. Des accords qui comptent des milliers de pages où la question des semences est à chaque fois abordée.

Un lobby semencier très actif pour ses propres intérêts

Le lobby semencier est très puissant. C'est d'ailleurs le Gnis qui est chargé de faire appliquer la réglementation. Il y a donc des conflits d'intérêts.

Créé sous le régime de Vichy, le Gnis regroupe tous les acteurs de la filière, dont les entreprises semencières. Les agents de la Répression des fraudes, des fonctionnaires, sont souvent accompagnés d'agents du Gnis pour contrôler les agriculteurs et les entreprises et vérifier que les semences sont bien inscrites au catalogue. « Chaque nouveau ministre de l'Agriculture se pose la question, mais à chaque fois il se rend compte qu'il n'y a aucune raison de remettre en cause ce système. Tout fonctionne très bien », se défend Delphine Guey, directrice des affaires publiques de la filière semencière en France.

Pour Blanche Magarinos-Rey, ce mélange des genres est justement le principal problème car ces conflits d'intérêts permanents empêchent la législation d'évoluer. « Le Gnis a des prérogatives pour écrire la réglementation qui s'applique à ses membres. Mais depuis quand des parties prenantes écrivent-elles des textes pour elles-mêmes ? Cela dépasse l'entendement », s'insurge cette avocate spécialisée en droit de l'environnement.

Dans les années 1960, sous la pression du lobby semencier, la réglementation que nous connaissons a été instaurée pour ne favoriser que les variétés industrielles. À cette époque, certains ont cru bon de contrôler la nature afin de nourrir les êtres humains. Aujourd'hui, nul n'ignore les désastres de cette logique et de l'agriculture intensive : développement de certains cancers, obésité, perte de la biodiversité, changement climatique… Et, pourtant, la loi sur les semences demeure inchangée.

Même les agriculteurs bio utilisent en très grande majorité des variétés industrielles comme les hybrides F1. Difficile de comprendre pourquoi : peut-être par crainte de l'illégalité, sans doute par habitude et par peur du changement. Certaines variétés reproductibles en toute liberté supposent des agriculteurs qu'ils consentent à bouleverser leurs habitudes de culture. « L'agriculture biologique nous a fait prendre conscience du danger des pesticides chimiques, décrypte Philippe Desbrosses. Mais certains se disent que le problème des semences est moins grave et moins urgent pour la santé. Tout le monde sait qu'il faudra se libérer de la tutelle des multinationales. En attendant, on accepte le compromis. Pour certains agriculteurs, les inconnues sont trop nombreuses. Comme on manque de recul, on jette l'opprobre sur ceux qui utilisent des semences traditionnelles, on dit qu'ils sont fous, qu'ils vont perdre leur récolte. Dans le doute, beaucoup préfèrent s'abstenir. »

Pour le consommateur, il est pratiquement impossible de savoir si les fruits et légumes proviennent d'hybrides F1, même dans une épicerie biologique. Les mêmes graines continuent d'être utilisées : des semences qui demandent des engrais et qui ne s'adaptent pas à la spécificité de chaque sol.

Les semenciers justifient l'utilisation des hybrides F1 en répétant qu'ils offrent un meilleur rendement. Ils seraient la seule solution pour lutter contre la faim dans le monde et faire face à l'augmentation démographique. « Nous produisons plus, donc nous avons besoin de semences améliorées et de plus de fertilisants. Il est important de savoir que la population augmente, que la demande alimentaire croît. Il faut produire plus d'alimentation », précise Yann Fichet, directeur des affaires institutionnelles et industrielles de Monsanto France.

▸ **Yann Fichet** a une formation d'agronome. Il a réalisé toute sa carrière dans l'industrie semencière. Il a participé au développement des semences de Monsanto en France et en Europe.

Une imposture, selon Pierre Rabhi. Pour cet expert international qui a développé des techniques agricoles efficaces dans des milieux semi-arides, notamment en Afrique[9], la question se pose en termes simples : comment réduire la faim dans le monde en proposant aux paysans des semences qu'ils doivent racheter chaque année et en privant les agriculteurs du monde entier de leur autonomie ?

Les semences créées par les multinationales posent un autre problème. Elles ne peuvent offrir de bons rendements que couplées à l'utilisation d'engrais et de pesticides chimiques, produits souvent vendus par les mêmes semenciers. Or nous connaissons désormais les conséquences néfastes de ces intrants chimiques pour la santé humaine et pour la planète.

La solution : changer la réglementation

Il serait facile de régler ce problème. Il n'y a pas de fatalité. Le pouvoir politique pourrait changer la réglementation. Il pourrait supprimer le catalogue officiel, comme le réclament certains. La traçabilité et le contrôle sanitaire seraient toujours assurés grâce à la certification. D'autres préféreraient que le catalogue soit maintenu, mais que ses critères soient supprimés ou assouplis, afin que les semences reproductibles en toute liberté, réutilisables chaque année, puissent être vendues librement.

Ces derniers temps, plusieurs tentatives de changer la réglementation ont été mises en œuvre. En vain. Blanche Magarinos-Rey a été à l'initiative de plusieurs d'entre elles. L'article 11 de la loi sur la biodiversité permettait enfin aux associations de vendre des semences du domaine public aux jardiniers amateurs. L'article a été voté, mais le Conseil constitutionnel l'a invalidé partiellement, au motif que cette disposition ne peut être réservée aux seules associations. « Le Conseil constitutionnel supprime la partie de l'article qui crée des inégalités de traitement entre les opérateurs, mais il élimine aussi, et sans motif, les termes "à titre onéreux". L'article est ainsi vidé de sa portée commerciale. Mettre fin à l'inégalité de traitement, c'était ouvrir la vente de semences du domaine public à tous les opérateurs. Faire voter cet article n'avait pas été simple. C'était le résultat de centaines d'heures de travail, de milliers de mails envoyés, de dizaines d'entretiens avec des responsables politiques. C'est décevant d'aller aussi loin sans aboutir à un changement de législation. »

Une déception d'autant plus grande qu'il y a urgence. La réglementation actuelle met la biodiversité des semences en danger. Ce patrimoine vital de l'humanité est en voie de disparition à l'échelle planétaire. Les associations ne sont pas assez nombreuses pour conserver les variétés du monde entier. 90 % des variétés agricoles ne sont plus cultivées par les agriculteurs[10].

Certes, il existe des banques de graines publiques ou privées, comme la Réserve mondiale de semences du Svalbard, sur l'île norvégienne du Spitzberg. La place des semences n'est pas dans une chambre forte, rétorquent de nombreux défenseurs de la biodiversité, mais bien dans les champs, là où elles peuvent vivre, s'adapter au sol et au climat.

Autre raison qui devrait pousser les politiques à agir vite : la logique de financiarisation du bien commun s'étend aujourd'hui à d'autres périmètres. Les semenciers accentuent la privatisation du vivant grâce aux OGM et à de nouvelles techniques de modification du génome.

DEUXIÈME PARTIE

Les OGM, causes de violentes dissensions

Plus connues que les hybrides F1, les semences OGM sont, depuis leur développement, à l'origine de multiples controverses.

OGM : état des lieux

La technologie OGM existe depuis le milieu des années 1970. Utilisée pour la recherche, elle consiste notamment à détruire un gène pour en comprendre la fonction. Elle permet donc d'étudier le fonctionnement d'organismes vivants.

Des chercheurs du monde entier fabriquent tous les jours des OGM en milieu confiné. Pour Christian Vélot, biologiste moléculaire, leur utilisation quotidienne explique en partie pourquoi nombre de chercheurs ne voient plus les risques de cette technique : « Cela banalise les OGM. On ne voit plus le danger. Un ébéniste se blesse plus souvent lorsqu'il est ouvrier qualifié et plus apprenti. Il connaît la machine, il fait moins attention. »

▸ **Christian Vélot**, maître de conférences en génétique moléculaire à l'université Paris-Sud, est également vice-président du Comité de recherche et d'information indépendantes sur le génie génétique (Criigen*). Également administrateur de la Fondation Sciences citoyennes, il milite pour une recherche participative et considère comme de son devoir, en tant que chercheur public, d'informer les citoyens. Il multiplie les conférences et les interventions médiatiques afin d'alerter sur les risques des OGM agricoles, l'évolution de sa carrière dût-elle en souffrir.

Aujourd'hui, personne ne remet en cause l'utilité des OGM pour la recherche fondamentale, ni même leur utilisation médicale. L'insuline, par exemple, est fabriquée à partir d'OGM. Les diabétiques ne consomment pas directement l'OGM, mais l'insuline issue de cette technique. À travers le monde, les controverses entre politiques, chercheurs ou simples citoyens ne portent que sur les OGM agricoles. Contrairement à ceux utilisés à des fins médicales ou pour la recherche fondamentale, ils ne sont pas fabriqués en milieu confiné, mais sont cultivés en plein champ. Autre différence : nous consommons alors directement l'OGM.

Aujourd'hui, la quasi-totalité des OGM agricoles dans le monde sont des « plantes pesticides[1] ». Elles tolèrent un herbicide à volonté, sans jamais en mourir, ou bien fabriquent elles-mêmes l'insecticide. De plus en plus de plantes combinent ces deux caractères. Les principales cultures génétiquement modifiées sont le soja, le coton, le maïs et le colza. 83 %[2] du soja cultivé dans le monde provient de plantes génétiquement modifiées. En 2015, vingt-huit pays ont utilisé des semences génétiquement modifiées[3]. 88 % d'entre elles sont semées sur le continent américain ; en tête, les États-Unis, le Brésil, l'Argentine et le Canada[4].

Certains opposants aux OGM se veulent rassurants. Cette technique, répètent-ils, ne concerne que quatre cultures et ne représente que 10 % des surfaces cultivées. Pour les espèces pour lesquelles il est possible de créer des hybrides F1, comme le maïs, les semenciers développent des semences OGM hybrides F1 qui leur permettent de contrôler plus facilement le rachat annuel des semences brevetées.

Pour obtenir tous les chiffres relatifs à la production d'OGM, la source principale est une organisation non gouvernementale (ONG) en partie financée par les semenciers, l'Isaaa[5]. À la suite de notre demande d'informations, nous avons eu la surprise de recevoir un e-mail nous réclamant des articles déjà écrits : « Il s'agit de s'assurer que les données de l'Isaaa seront utilisées dans un but louable et non compromettant. » Autrement dit, si nos articles ne plaisent pas, nous n'aurons pas les chiffres souhaités ! Une pratique peu courante, voire rarissime, dans le cadre d'une demande de données par un journaliste à un service de presse. Nous avons finalement obtenu quelques chiffres sans envoyer d'articles. Mais il n'est pas sain que presque toutes les données proviennent d'un même organisme, lié à l'industrie semencière.

Pour l'instant, les OGM commercialisés sont limités au monde végétal. Un saumon génétiquement modifié pour grossir plus vite est en cours d'autorisation aux États-Unis et au Canada. Dopé génétiquement, il surproduit de l'hormone de croissance. Des associations bataillent pour son interdiction. Problème : certains poissons peuvent avoir la tête déformée. Le fabricant a trouvé une solution : il ne sera vendu qu'en filets.

Au sein de l'Union européenne, la culture d'OGM reste marginale et ne concerne qu'une variété de maïs, le MON 810. Seuls l'Espagne, le Portugal, la Slovaquie, la République tchèque et la Roumanie en ont semé en 2015[6]. Les surfaces ont plutôt tendance à diminuer et se bornent à quelques parcelles en Roumanie et en République tchèque. La France, quant à elle, n'en cultive pas. Mais, comme les autres pays d'Europe, elle en importe : soixante-dix-sept OGM sont autorisés à l'importation pour l'alimentation humaine et animale[7]. On estime que 90 % du bétail élevé en France peut avoir été nourri avec des OGM. En 2015, trois millions de tonnes de fèves et de tourteaux de soja génétiquement modifiés ont été importés en France[8]. Faute d'étiquetage, impossible de savoir si les animaux que nous achetons ont été nourris aux OGM. Le consommateur qui ne veut pas manger d'animaux élevés aux OGM n'a qu'une solution : acheter de la viande, des œufs ou du lait bio[9] ou étiquetés sans OGM.

C'est en France, où l'on ne cultive pas d'OGM, que la contestation a commencé. Pourtant, notre pays avait été choisi comme pilote pour le développement des OGM en Europe. Corinne Lepage, avocate et femme politique, raconte une anecdote intéressante : « En 1998, lors d'une conférence internationale, j'ai rencontré le directeur de Novartis Europe [à l'époque fabricant d'OGM]. Il m'a dit que la France avait été choisie car nous avions accepté le nucléaire, donc pourquoi n'aurions-nous pas accepté les OGM ? C'était mal connaître notre rapport à la nourriture. »

▸ **Corinne Lepage** a été ministre de l'Environnement de 1995 à 1997, au moment où le débat sur la commercialisation des OGM a commencé. Députée européenne de 2009 à 2014, elle est aujourd'hui présidente d'honneur du Criigen, laboratoire pluridisciplinaire et indépendant qu'elle a en partie fondé. La question des OGM l'a particulièrement touchée car lorsqu'elle était ministre, si elle n'avait pas réalisé ses propres recherches et mené de nombreuses auditions, ses décisions auraient reposé sur de faux éléments, son administration étant totalement acquise aux OGM.

En France, plusieurs fronts politiques, syndicaux et scientifiques opposés aux OGM ont permis qu'ils ne soient pas cultivés. Les nombreux fauchages de champs OGM, suivis de procès, ont rendu le débat public. José Bové, condamné à plusieurs reprises pour ces fauchages, parfois même à de la prison ferme, ne regrette en rien ce combat : « L'autonomie paysanne est fondamentale. C'est une question centrale. Elle interpelle les gens. L'opinion publique a compris que le paysan serait plus dépendant à cause des brevets sur les plantes génétiquement modifiées. »

▸ **José Bové** est député européen écologiste depuis 2009. Son combat anti-OGM a été très médiatisé. Grâce au mouvement des faucheurs volontaires, tous les champs d'essai OGM ont été détruits, même les plus petits. Ces fauchages ont posé un problème économique aux entreprises semencières et ont permis de mobiliser l'opinion publique.

Aujourd'hui, les lois européenne et française sur les OGM restent complexes. En 2008, 2012 et 2014, des moratoires sur la culture de maïs MON 810 ont été adoptés en France. Mais le Conseil d'État les a annulés. Pour contrer ce flou juridique, la France a adopté, en 2014, une loi interdisant la culture de tous les maïs transgéniques sur le territoire.

Depuis 2015, la Commission européenne permet également à chaque État d'interdire une plante génétiquement modifiée en raison d'incidences sociales et économiques, pour des questions d'aménagement du territoire ou encore pour des objectifs de politiques environnementales. Mais cette loi a des conséquences absurdes : un pays peut, par exemple, voter en faveur de l'autorisation d'un OGM au niveau européen, puis la refuser pour lui-même ! Autre problème : une interdiction nationale et non européenne est plus facilement contestable par l'Organisation mondiale du commerce.

L'impossible coexistence des cultures

Depuis vingt ans, les pro et les anti-OGM s'affrontent à coups d'études et de chiffres. Mais leur vision du monde semble irréconciliable. Pourquoi ce sujet crée-t-il autant de dissensions ?

Le sujet des semences cristallise de nombreux désaccords. Contrairement à l'agriculture conventionnelle et biologique, où chacun peut cultiver dans son coin, les semences génétiquement modifiées obligent à faire un choix. La liberté de semer des OGM limite celle des personnes qui n'en veulent pas car la coexistence des cultures est difficile, voire impossible. Des contaminations peuvent se produire sur toute la chaîne alimentaire, du lot de semences à l'entreprise de transformation.

Patrick de Kochko, aujourd'hui coordinateur du Réseau Semences paysannes, en a fait l'expérience en 1995. Il venait de s'installer comme agriculteur bio et cultivait du soja dans le Sud-Ouest. Livré en Allemagne à un petit transformateur bio, son soja a été contrôlé : il contenait des OGM. L'entreprise allemande a fait faillite. Patrick de Kochko n'a jamais pu obtenir gain de cause contre Monsanto, ni en France en 1998, ni aux États-Unis en 1999. Des grains OGM s'étaient glissés dans le lot de semences garanties sans OGM qu'il avait acheté. « J'ai dû arrêter le soja, un an à peine après mon installation, regrette cet agriculteur. Maintenant, je fais mes propres semences. Cette histoire m'a sensibilisé à la semence. À l'époque, je n'y connaissais rien. J'ai pris conscience de ce problème et des difficultés d'accès aux semences qui ne viennent pas de l'industrie. »

▸ **Patrick de Kochko** est agriculteur meunier. Coordinateur du Réseau Semences paysannes, il a une formation d'ingénieur agronome. Il a travaillé à l'Inra[10], au Cirad[11] et comme expert à la Commission européenne. Il est devenu paysan bio en 1995 dans le Sud-Ouest.

En France, en partie à cause des risques de contamination, les assureurs ne voulaient même pas assurer les cultures OGM. En 2008, la Fédération française des sociétés d'assurances a adressé au gouvernement un courrier officiel : « Quand nous élaborons un produit d'assurance, nous établissons d'abord la fréquence du risque et l'ampleur des conséquences financières. [...] Nous ne disposons pas aujourd'hui du modèle économique qui puisse nous permettre de prendre en charge un tel risque dans le bilan de nos entreprises[12]. »

Ce problème de coexistence se rencontre dans de nombreux pays. « Dans les faits, presque aucun État ne pratique la coexistence. En Espagne, il y a encore du maïs bio, mais dans les zones où l'on ne cultive pas de maïs OGM », rappelle Martin Rémondet, responsable scientifique en charge des questions économiques, éthiques et sociales au Haut Conseil des biotechnologies (HCB*).

▸ **Martin Rémondet**, diplômé de l'Institut d'études politiques de Bordeaux, ainsi que de l'École normale supérieure de Cachan, est responsable scientifique au sein du Comité économique, éthique et social (CEES) du HCB depuis 2010. Son travail consiste notamment à organiser des débats au sein de cette institution.

Amaranta Herrero, chercheuse en Espagne, confirme : « La production biologique en Espagne augmente beaucoup, notamment pour l'exportation. L'an dernier, elle a grimpé pour toutes les cultures, sauf le maïs bio, dont la production stagne et reste marginale. La coexistence n'est pas possible. Lorsqu'elle existe, la filière bio en prend en charge tous les coûts. Ça ne fonctionne pas très longtemps. »

Dans une des régions où l'Espagne produit du maïs OGM, l'Aragon, la production de maïs bio a même chuté de 75 % entre 2003 et 2007[13]. De nombreux cas de contamination ont été recensés.

▸ **Amaranta Herrero** a étudié l'agronomie, la sociologie et l'impact des activités humaines sur l'environnement. Aujourd'hui, elle est chercheuse et traite des problématiques alimentaires.

Dans les champs, les contaminations dépendent de la plante cultivée. Yves Bertheau a dirigé le plus important programme européen sur la coexistence[14]. « Pour quelques plantes comme le soja, les contaminations en champs peuvent se gérer, affirme ce chercheur de l'Inra. Mais pour de nombreuses autres cultures, les contaminations peuvent se produire sur plusieurs kilomètres. Il faut des zones réservées à cette activité. Elles existent déjà pour la production de semences de maïs conventionnelles, avec des zones d'exclusion décidées par le préfet. Mais pour les OGM, qu'allons-nous faire ? Doit-on décider que la Beauce sera OGM et l'Alsace non OGM ? »

▸ **Yves Bertheau**, phytopathologiste (étude des maladies des plantes), est directeur de recherche à l'Inra, détaché au Muséum national d'histoire naturelle de Paris. Depuis 1999, il a travaillé sur la traçabilité, puis sur la coexistence et sur les effets non intentionnels des OGM.

Les coûts pour séparer complètement les cultures seraient exorbitants. Pour la betterave, par exemple, impossible d'utiliser la même sucrerie, il faudrait doubler les ateliers de transformation. Ces coûts faramineux ne garantiraient même pas une filière 100 % sans OGM : des contaminations peuvent se produire lorsque les grains tombent d'un camion ou encore via les abeilles qui pollinisent…

La complexité du vivant

En plus de la difficile coexistence des cultures et, bien sûr, des enjeux financiers colossaux, un autre point explique les désaccords profonds au sujet des OGM : la place accordée à la science et à la complexité du vivant.

Certains regrettent que nous cherchions davantage aujourd'hui à maîtriser le vivant qu'à le comprendre. « Je ne crois pas du tout à la maîtrise génétique, déclare Jacques Testart, père du premier bébé éprouvette. Le génome est un monde que l'on ne connaît absolument pas. Nous en sommes au même stade que les anatomistes de la Renaissance : nous avons étudié l'anatomie de l'ADN, mais pas encore sa physiologie. Nous sommes capables de réaliser un traitement informatique pour mettre en relation une cause et son effet, mais nous sommes incapables de dire pourquoi telle structure va produire ceci ou cela. »

▸ **Jacques Testart** a une formation de biologiste et d'agronome. Aujourd'hui retraité, il a été directeur de recherche à l'Inserm[15]. Pionnier de la fécondation *in vitro*, il s'est intéressé aux OGM, sujet qui brasse toutes les problématiques déjà soulevées par la procréation assistée : pouvoir financier, bluff technologique, engouement médiatique…

Philippe Joudrier, ancien expert au sein d'agences d'évaluation sanitaire, reconnaît cette complexité du vivant, mais précise : « Avec ce type de raisonnement, l'humanité n'aurait jamais pu progresser en quelque domaine que ce soit. Nous n'avons jamais connu autant qu'aujourd'hui. » Delphine Guey, représentante de la filière semencière française, renchérit : « À ce compte-là, ne faites plus rien. N'utilisez même plus de nombreux produits du quotidien, comme la lessive ou l'eau de Javel ! »

▸ **Philippe Joudrier** est biologiste. Ancien directeur de recherche à l'Inra, il a été président du comité d'évaluation des OGM de l'Agence française de sécurité sanitaire et alimentaire. Il regrette les interdictions systématiques de cultures d'OGM et l'insuffisance de la recherche française sur cette thématique.

Selon Christian Vélot, toutefois, les risques liés aux OGM sont bien trop graves pour être banalisés ou négligés : « Cette technique n'est pas du tout chirurgicale : on pulvérise des microbilles sur des plantes avec un canon à gènes. Pour bien comprendre comment sont utilisés les OGM en recherche fondamentale, servons-nous d'une métaphore. Choisissez cinquante voitures identiques. Bombardez-les avec un lance-pierre et des boulons. Parmi les 20 % de moteurs qui ont résisté à ce traitement, cherchez celui qui pollue le plus. Si vous constatez qu'un élément est cassé, vous en concluez qu'il rendait le moteur moins polluant. En recherche fondamentale, comme pour les OGM agricoles, la méthode n'est pas plus précise que cela. »

Daniel Evain, agriculteur bio et ancien sélectionneur chez Monsanto, confirme ces risques et les dérives liées au contrôle du vivant. Il se souvient de la frustration de certains chercheurs désireux de pousser toujours plus loin les techniques de manipulation de génome. « Chez Monsanto, il y avait deux entités : l'une de recherche sur le terrain, à laquelle j'appartenais, et l'autre dans les laboratoires. Les chercheurs en laboratoire, lorsqu'ils avaient extrait de l'ADN, avaient l'impression de détenir un pouvoir sur la nature. Leurs yeux pétillaient. »

Daniel Evain n'a pas supporté la pression et la propagande interne de l'entreprise quant aux bienfaits des OGM. Avant de quitter son poste chez Monsanto, il recevait tous les jours des courriels sur les bénéfices des OGM. « Pour chaque nouvelle plante génétiquement modifiée, nous devions montrer que le transgène était stable de génération en génération, raconte-t-il. Or, nous avions remarqué que le gène d'une variété de colza modifiée, introduit au sein de la plante, avait évolué. La variété demeurait tolérante au glyphosate [principe actif déclaré du Roundup, herbicide vendu par Monsanto], mais il avait muté. En cas de mutation, nous étions censés prévenir les autorités. Nous étions cinq, six personnes informées. Le dossier a reçu un tampon "confidentiel". Et personne n'a été averti[16]. » L'OGM en question n'a pas été commercialisé, mais de telles mutations se sont reproduites, par la suite, sur d'autres OGM. Cet ingénieur agronome considère qu'il aurait fallu aller plus loin et tâcher de comprendre ce problème de stabilité du transgène.

▸ **Daniel Evain**, agriculteur bio dans l'Essonne, est responsable de la problématique OGM à la Fédération nationale de l'agriculture biologique. Ingénieur agronome de formation, il était responsable d'un programme de sélection européen de colza pour l'entreprise Cargill. Sa branche a été rachetée par Monsanto en 1999. En 2000, il a quitté cette société pour reprendre la ferme de ses parents.

Durant notre enquête, au fil de la quarantaine d'interviews que nous avons réalisées, cette question de la place de la science et de la complexité du vivant est souvent revenue. Certains regrettent que la science prime trop souvent sur l'éthique et la démocratie. La vérité scientifique d'une époque n'est pas forcément celle d'une autre.

Aujourd'hui, les chercheurs sont hyperspécialisés. Ils manquent souvent des connaissances nécessaires pour jouir d'une vision globale sur tel ou tel sujet. « L'hyperspécialisation des experts est dramatique, déplore Jacques Testart. L'expert est handicapé. Il sait tout sur presque rien. C'est pour cela qu'il est dangereux. On ne peut pas remettre en cause son savoir, car il est celui qui sait ; mais il sait sans recul généraliste. C'est toute la différence avec le savant d'antan, qui avait acquis des connaissances dans tous les domaines. »

Le risque sanitaire des OGM

C'est certainement sur le risque sanitaire que les scientifiques se sont le plus affrontés. Prétendre lire toutes les études scientifiques importantes publiées sur ce sujet relève de la gageure : il y en a des milliers, dont le langage complexe et technique tend à exclure le citoyen des débats. Difficile de s'y retrouver. Nous avons préféré retracer dans les grandes lignes ces controverses scientifiques qui pourraient avoir de lourdes conséquences sur notre santé.

De nombreux défenseurs des OGM invoquent régulièrement l'exemple des États-Unis en faveur de leur innocuité. « Si les OGM étaient dangereux pour la santé, disent-ils, les Américains seraient tous malades : ils en consomment depuis vingt ans. » C'est oublier qu'il n'y a aucun suivi aux États-Unis, donc aucune possibilité de savoir si la consommation de plantes génétiquement modifiées a un impact sur la santé. N'a-t-il pas fallu attendre des années pour comprendre que l'amiante provoquait des cancers ? Faute d'étude épidémiologique et de traçabilité, l'exemple américain n'offre pas le recul qui nous serait pourtant si utile aujourd'hui.

D'autres voix rappellent que de nombreuses études ont prouvé l'absence de risque sanitaire. Un récent rapport américain de l'Académie nationale des sciences[17], s'appuyant sur plus de neuf cents études, conclut en effet que les OGM n'ont pas d'impact négatif sur la santé. Mais des scientifiques et des acteurs de la société civile remettent en cause l'impartialité de telles études, en grande majorité financées par les semenciers, ainsi que la méthodologie utilisée[18]. Les normes internationales ne seraient pas à la hauteur des enjeux. « Les lobbies ont réussi à imposer leurs normes à une époque où la société civile n'existait pour ainsi dire pas. Les ONG étaient très faibles », rappelle Corinne Lepage.

Un principe est régulièrement dénoncé par les scientifiques : l'équivalence en substance, base mondiale de l'évaluation. Si une plante modifiée équivaut chimiquement à une plante conventionnelle (protéines, nutriments…), la plante génétiquement modifiée peut être consommée sans recherche supplémentaire. « La maladie de la vache folle provient d'une protéine prion modifiée dans sa structure. Or, elle est mal conformée, souligne Jacques Testart. Si vous la soumettez à la chimie, l'analyse ne montrera rien, vous pourrez la manger. Autrement dit, si vous faites l'analyse en substance d'une vache folle, le résultat sera que sa viande est normale. Ce peut être aussi le cas pour des végétaux. »

Aujourd'hui, il existe des plantes génétiquement modifiées qui combinent plusieurs caractères. Le maïs SmartStax produit six insecticides et tolère deux herbicides ! En 2010, l'Autorité européenne de sécurité des aliments n'a pas évalué les interactions de ce cocktail de pesticides. Contactée, cette autorité d'évaluation nous a répondu par e-mail : « Nous considérons qu'il est peu probable que les sous-combinaisons aient un effet néfaste sur la santé humaine et animale et sur l'environnement, dans le contexte des utilisations prévues qui concernent les utilisations des denrées alimentaires et des aliments pour animaux. »

De nombreux scientifiques réclament que les OGM soient évalués comme des médicaments ou des pesticides, par le moyen de tests toxicologiques de longue durée. En Europe, ces tests ne sont obligatoires que depuis 2013. Mais leur durée est limitée à trois mois. Le principe d'une étude toxicologique est d'analyser tous les effets néfastes d'une source sur des organismes biologiques. En 2012, celle de Gilles-Éric Séralini a provoqué une large controverse[19]. Difficile à mettre en place, réalisée en secret, financièrement indépendante de tout acteur lié aux OGM, cette étude toxicologique a été réalisée sur des rats nourris pendant deux ans avec un maïs tolérant au Roundup. Une première mondiale.

▸ **Gilles-Éric Séralini**, professeur de biologie moléculaire à l'université de Caen, a été expert pour le gouvernement dans l'évaluation des risques liés aux

OGM pendant neuf ans. Il a d'abord pensé que les OGM permettraient de réduire la consommation de pesticides. « Rapidement, raconte-t-il, je me suis rendu compte que ces plantes génétiquement modifiées sont des pompes à Roundup, le principal pesticide au monde. En tant qu'expert, j'ai pu avoir accès à toutes les études réglementaires confidentielles des industriels. » Cofondateur du Criigen avec Corinne Lepage et Jean-Marie Pelt, il a été à l'origine de nombreuses études sur les OGM et les pesticides.

Chacun se souvient de ces images de rats déformés par de grosses tumeurs. « Nous avons constaté beaucoup de pathologies rénales et hépatiques, détaille Joël Spiroux de Vendômois, un médecin qui a participé à cette étude. Nous avons été nous-mêmes surpris par ces résultats. En réalité, cela n'avait rien d'étonnant car le foie et les reins sont des organes de détoxification. Nous avons aussi constaté beaucoup de tumeurs [pas forcément cancéreuses], notamment chez les femelles. Enfin, nous avons constaté des perturbations nerveuses et endocriniennes. »

▸ **Joël Spiroux de Vendômois** a d'abord été technicien agricole, avant de devenir médecin généraliste, formation complétée par l'homéopathie, l'acupuncture, l'écologie humaine et l'ostéopathie. Il s'intéresse particulièrement aux conséquences de l'environnement sur la santé, selon lui à l'origine de l'augmentation des pathologies lourdes, telles que les cancers ou les malformations néonatales. Il est également président du Criigen.

À la publication de l'étude, ses auteurs ont fait l'objet de vives critiques. « Je ne m'attendais pas à tant de violence, raconte Gilles-Éric Séralini. Nous ne nous étions pas préparés à contrer des arguments malhonnêtes. Je croyais qu'ils seraient sincères. » Depuis, ce chercheur a gagné tous ses procès en diffamation. À l'époque, l'étude avait même été retirée par la revue scientifique qui l'avait publiée. Depuis, elle a été republiée dans une autre revue pourvue d'un comité de lecture.

« En science, vous pouvez découvrir que la Terre tourne, explique Joël Spiroux de Vendômois. Mais, ensuite, il faut contrôler. D'autres laboratoires doivent prouver que la Terre tourne. De la même façon, nous avons réalisé une première étude sur deux ans et détecté des anomalies. Maintenant, d'autres scientifiques doivent tester les OGM. »

« Même si cette étude est critiquable, elle montre au moins qu'il y a un problème, poursuit Corinne Lepage. Aujourd'hui, l'étude n'a toujours pas été refaite. On croyait qu'elle le serait. Les autorités ne veulent pas savoir. » À la suite de la publication de ces travaux, l'État avait assuré que la même étude serait réalisée. Une étude française a été lancée, mais seulement sur six mois[20]. Une autre étude, européenne, a été effectuée pendant un an, mais elle manquerait d'objectivité selon certains spécialistes. « Les programmes européens sur l'impact des OGM à long terme, comme GRACE ou G-TwYST, ont été confiés à des pro-OGM notoires qui ont passé les dernières années à nier l'existence d'un problème », assure Éric Meunier, journaliste à Inf'OGM.

▸ Après avoir étudié la biologie, **Éric Meunier** est devenu journaliste pour le site indépendant d'information et de veille Inf'OGM, consacré au sujet complexe et crucial des OGM... Une structure originale et rare dans le monde.

Depuis, le Criigen a continué de publier des études, dont certaines expliquent pourquoi les résultats de leurs travaux de 2012 étaient si différents des autres publications. Une des critiques récurrentes concerne la souche de rats utilisés. Certains affirment que ces animaux sont naturellement sujets aux tumeurs. Or l'étude de Gilles-Éric Séralini constatait cinq fois moins de tumeurs chez les rats témoins par rapport à la moyenne des études réalisées dans le monde avec cette même souche de rats. Une différence qui a intrigué ce chercheur. Avec son équipe, il a donc analysé treize échantillons de croquettes réglementaires données aux rats témoins dans cinq continents du monde[21]. Le résultat est étonnant : cette nourriture contient des pesticides, des OGM et des métaux lourds, contrairement aux croquettes issues d'aliments naturels données aux rats témoins dans le cadre de son étude. « Dans les laboratoires, tous les rats témoins sont nourris avec une alimentation pathogène, s'indigne Joël Spiroux de Vendômois. Alors, forcément, la différence statistique est peu importante par rapport aux rats nourris aux plantes génétiquement modifiés. Cette découverte est fondamentale. Elle remet en cause toute la toxicologie réglementaire. »

Pour ces chercheurs, un autre point essentiel est souvent négligé : il ne suffit pas de contrôler l'OGM, mais également le pesticide associé. Aujourd'hui, une plante génétiquement modifiée n'est pas évaluée avec l'herbicide qu'elle tolère. « C'est une plante faite pour absorber les pesticides, comme une éponge, souligne Gilles-Éric Séralini. La plante classique en meurt. En mangeant ces plantes tolérantes aux herbicides, nous mangeons plus de pesticides car ce sont des pompes à pesticides. Voilà ce que nous avons prouvé à travers nos différentes études. Les pesticides sont des "spams" de la vie. Ils empêchent les cellules de communiquer entre elles. Les premières grandes maladies de la communication sont les tumeurs. Mais cela peut coincer n'importe où, c'est comme si vous accumuliez du sable dans un moteur : la maladie de Parkinson ou celle d'Alzheimer peut se déclarer, mais aussi des allergies ou des malformations congénitales. »

Plusieurs travaux de leur laboratoire[22] ont montré qu'il fallait bien analyser la plante modifiée avec l'herbicide commercial et non avec le seul principe actif. Dans le cas du Roundup, les formulants[23], c'est-à-dire les autres produits contenus dans cet herbicide, seraient plus toxiques que le glyphosate, le principe actif déclaré par l'industriel[24].

Pour régler ce problème crucial d'expertise et d'évaluation, deux réformes simples pourraient être mises en place. Tout d'abord, il conviendrait que les études ne soient plus financées directement par les industriels. Un fonds public financé par les semenciers pourrait être créé afin de réaliser des tests indépendants.

Autre mesure nécessaire : les études ne doivent plus rester confidentielles. Il est légitime que le citoyen puisse avoir accès aux travaux concernant les risques qu'on lui fait courir. « Mettre toutes les données brutes des industriels en libre accès est essentiel, estime Gilles-Éric Séralini. Aujourd'hui, très peu de personnes y ont accès. Tous les scientifiques du monde, tous les médecins du monde pourront analyser les données. Ils verront bien que ce n'est pas sérieux. Le système ne pourra pas résister à la pression internationale. »

Vingt ans après le début de leur commercialisation, le risque sanitaire des OGM n'a toujours pas été tranché. Aucun consensus scientifique n'a été trouvé. Les controverses et les attaques sont à la hauteur des enjeux. Lors de cette enquête, nous avons été surpris par cette violence entre chercheurs. Certains pourraient nous reprocher d'avoir interrogé plus d'intervenants critiques que de scientifiques et organismes défendant les OGM ; mais plusieurs d'entre eux ont refusé de répondre à nos questions, au motif que nous interrogions différents points de vue !

Au-delà de la question très sensible et essentielle de la santé, un autre point suscite l'interrogation de nombreux acteurs de la société civile : à quelle fin créer des OGM ? Sont-ils vraiment utiles ? Les citoyens sont prêts à courir les risques inhérents à certaines innovations ; encore faudrait-il qu'elles présentent des avantages…

TROISIÈME PARTIE

Les OGM, vingt ans après : une grande déconvenue

Depuis vingt ans, les promoteurs des OGM nous expliquent que les plantes génétiquement modifiées pourraient bien être la solution au problème de la faim dans le monde. Or celle-ci n'est pas due à une insuffisance de production, mais à l'inégale répartition des richesses[1].

L'agroécologie*, mode de production plus équitable et respectueux de l'environnement, est une solution plus efficace pour lutter contre la faim dans le monde. Les OGM, qui rendent le paysan dépendant à l'achat de semences et de pesticides, pourraient au contraire augmenter le nombre de personnes sous-alimentées.

Les OGM et la faim dans le monde

Aujourd'hui, aucun OGM ne permet de cultiver sans eau. Certaines plantes génétiquement modifiées présentent des caractères qui facilitent la culture avec moins d'eau, mais ces traits sont déjà ceux des variétés traditionnelles. « Grâce à des techniques traditionnelles de sélection, nous arrivons, pour le maïs, à obtenir de meilleurs résultats contre la sécheresse qu'avec les OGM commercialisés », souligne Yves Bertheau. « Le stress hydrique sollicite un très grand nombre de gènes, alors que nous n'en connaissons que quelques-uns. Croire que nous allons résoudre cela avec deux ou trois gènes, c'est vraiment croire au Père Noël[2] », ajoute Christian Vélot.

En effet, vingt ans après leur commercialisation, aucun OGM « miracle » n'a vu le jour. La quasi-totalité des plantes génétiquement modifiées tolèrent ou fabriquent un pesticide. Ce type d'OGM est plus rentable et plus simple à créer. Ces aliments ne nourrissent pas les paysans pauvres, mais le bétail des élevages industriels des pays occidentaux.

Autre serpent de mer régulièrement évoqué par les médias : le riz doré. Enrichi en vitamine A, il est développé aux Philippines par l'Institut international de recherche sur le riz (Irri). Cette céréale est censée combler les carences en vitamine A de populations malnutries dans le monde, carences qui provoquent des maladies graves telles que la cécité. Or, après vingt ans de recherches, ce riz n'est toujours pas disponible à la vente, quoique de nombreuses versions aient été élaborées. Contacté, l'Irri nous a répondu par e-mail : « Actuellement, le riz doré est toujours en cours de développement et d'évaluation. Il sera mis à la disposition des agriculteurs et des consommateurs à la seule condition que soient développées avec succès des variétés de riz adaptées à l'Asie et approuvées par les régulateurs nationaux, et seulement s'il est démontré qu'il diminue les carences en vitamine A. »

De nombreuses associations, basées dans des pays en insécurité alimentaire, estiment que le riz doré n'est pas la bonne solution. « Il y a des alternatives plus viables, plus pertinentes et moins coûteuses, rappelle Suzanne Dalle, chargée de campagne "Agriculture" chez Greenpeace. Mieux vaudrait développer une nourriture vivrière et diversifiée. Les personnes souffrant de malnutrition pourraient tout simplement avoir accès au bêta-carotène, et donc à la vitamine A, grâce aux carottes ou au maïs orange, qui existe déjà. »

▸ **Suzanne Dalle**, agronome de formation, a travaillé pour le syndicat Jeunes Agriculteurs, avant d'en partir : elle n'avait pas l'impression d'œuvrer à un changement de filière à long terme, afin que les agriculteurs puissent vivre de leur métier. Elle s'occupe aujourd'hui de la campagne « Agriculture » chez Greenpeace.

Le 29 juin 2016, cent sept Prix Nobel ont signé une lettre ouverte accusant Greenpeace de « crime contre l'humanité[3] », en raison des campagnes menées par cette ONG contre le riz doré. Nous avons contacté trois Prix Nobel français signataires de cette mise en cause publique. Jean-Marie Lehn, Prix Nobel de chimie, nous a indiqué qu'il était tout simplement d'accord avec le contenu de la lettre. Claude Cohen-Tannoudji, Prix Nobel de physique, n'a pas souhaité répondre à nos questions.

Serge Haroche, enfin, Prix Nobel de physique, n'a jamais fait suite à notre demande, mais il a déclaré à France Inter, le 30 novembre 2016 : « J'ai signé une pétition lancée par un Prix Nobel américain. [...] Je ne suis pas spécialiste de ce domaine. J'ai simplement fait confiance à des collègues qui utilisent la méthode scientifique pour aborder ces problèmes. »

En réponse à cette grave accusation, Suzanne Dalle souligne le rôle spécifique de cet OGM : « Le riz doré est un mirage, un cheval de Troie. Il s'agit de faire croire que les OGM sont la solution à la faim dans le monde. Faire passer le riz doré, c'est réussir à imposer tous les OGM. Depuis des années, on nous promet des propriétés magiques des OGM. Mais les OGM magiques n'existent pas. »

Les OGM et leurs impacts sur l'environnement

Un autre argument a été avancé par les semenciers : les OGM allaient réduire l'utilisation de pesticides. Vingt ans plus tard, force est de constater qu'il n'en est rien. Plus personne ne conteste ce fait. Même Philippe Joudrier, chercheur favorable à la commercialisation de certaines plantes génétiquement modifiées, le reconnaît : « Les plantes tolérantes au Roundup sont des plantes qui peuvent recevoir du Roundup à n'importe quel moment de leur vie. Quand la plante n'est pas tolérante au Roundup, on passe un herbicide total[4] en prélevé, puis on sème. Avec les plantes qui tolèrent le glyphosate, on peut repasser une deuxième fois, quand les plantes ont poussé. Donc les quantités augmentent, c'est mathématique. En revanche, si vous n'utilisez pas de glyphosate, vous utiliserez d'autres herbicides aux profils bien plus dangereux. »

Une étude de l'Inra et du CNRS[5], reposant sur mille quatre cents travaux, montre que l'utilisation massive d'herbicides avec les plantes tolérantes a provoqué la multiplication de mauvaises herbes[6] résistantes, appelées « superweeds » aux États-Unis. Ce problème n'est pas spécifique aux OGM. Il se posait lorsqu'un agriculteur utilisait sans réserve la même molécule pour traiter son champ. Mais, avec ces plantes tolérantes, le phénomène a pris une ampleur inquiétante et jamais constatée. « Étant donné que le désherbage au glyphosate était très efficace, les agriculteurs américains ont pensé que la technologie était valable sans restriction, précise Michel Beckert, qui a dirigé cette étude. C'est au cours du temps que les adventices résistantes au glyphosate se sont multipliées. Maintenant, on voit surgir des interrogations sur l'utilisation même du glyphosate aux États-Unis. »

▸ **Michel Beckert**, directeur de recherche à l'Inra, a travaillé dans le domaine des céréales. Il est, aujourd'hui, chargé de mission bioéconomie au sein du ministère de l'Éducation nationale, de l'Enseignement supérieur et de la Recherche, ainsi que commissaire du gouvernement auprès du Groupe d'études et de contrôle des variétés et des semences.

Aux États-Unis, la consommation d'herbicides a grimpé de 21 % entre 1992 et 2011, alors qu'elle a diminué dans d'autres pays où la culture d'OGM est interdite[7]. Une augmentation due, pour l'essentiel, à l'utilisation croissante du Roundup. Selon de nombreuses associations, Monsanto a voulu compenser le fait que son brevet sur le glyphosate a expiré en 2000. Rien qu'aux États-Unis, entre 1994 et 2005, les ventes de Roundup Ready ont été multipliées par quinze[8]. Un constat valable pour toutes les autres entreprises. Chaque fois qu'un semencier crée une plante tolérante à un herbicide, il vend en package le produit chimique qu'elle peut absorber à volonté.

Aujourd'hui, 478 cas[9] de mauvaises herbes résistantes différentes ont été recensés dans le monde. Elles ne sont pas toutes dues aux OGM. Mais leur nombre a grimpé depuis la commercialisation des « plantes pesticides ». Pour faire face à ce phénomène qui a envahi les champs de nombreux agriculteurs, des herbicides plus puissants et plus dangereux[10] ont été autorisés en 2015 aux États-Unis.

Concernant les plantes génétiquement modifiées produisant un insecticide, un des premiers cas d'insecte résistant à une toxine censée l'éradiquer a été recensé et analysé par une étude scientifique en 2008. Il s'agit d'un papillon qui ravage les cultures de coton, la noctuelle. Mais, comme pour les études liées à l'aspect sanitaire, l'indépendance de ces travaux est remise en cause. Une récente étude de l'Inra[11] a analysé la littérature scientifique relative aux OGM produisant un insecticide : 40 % des publications présentent un conflit d'intérêts financiers ! Et, chaque fois que de tels conflits d'intérêts ont été constatés, les conclusions étaient plus favorables aux semenciers[12].

Avec l'apparition de ces mauvaises herbes et de ces insectes résistants, on constate que les OGM ont bien un impact sur l'écosystème. En 2010, une étude américaine a montré que 80 % du colza sauvage le long des routes du Dakota du Nord était devenu transgénique[13]. Les plants contenaient au moins un gène tolérant à un herbicide. « On ne maîtrise pas la technique OGM, assure Jacques Testart. Avec les années, les plantes génétiquement modifiées entraînent des changements définitifs dans leur environnement. Avec les OGM, ce qui est grave, c'est l'irréversibilité. Les insectes mutants qui ingèrent l'insecticide sans en mourir seront mangés par les oiseaux, et ainsi de suite. C'est un peu comme l'effet des battements d'ailes du papillon : les conséquences peuvent être discrètes, elles n'en sont pas moins graves. »

Les plantes génétiquement modifiées pour produire un insecticide peuvent également avoir un impact sur les abeilles, déjà menacées par l'agriculture intensive et l'usage de pesticides chimiques. « L'insecticide a été créé pour tuer les insectes, rappelle Jean-Marie Sirvins, vice-président de l'Union nationale de l'apiculture française (Unaf). Forcément, il y aura toujours l'insecte qu'on veut tuer et celui qu'on ne veut pas tuer. Plus nous aurons d'insecticides, plus nous aurons de problèmes avec les abeilles. »

▸ **Jean-Marie Sirvins** est apiculteur en Auvergne depuis trente ans et vice-président de l'Unaf. 30 % des abeilles meurent par an à cause des pratiques de l'agriculture intensive : un pourcentage qui n'a cessé de grimper ces dernières années. Il existe aujourd'hui peu d'études sur l'impact direct des OGM sur les abeilles.

Les abeilles sont également affectées par la monoculture, accentuée par la culture d'OGM. Les « plantes pesticides » ont des répercussions sur l'écosystème à cause de la diffusion de leur transgène, mais également du mode de culture qu'elles impliquent.

Au Canada, des agriculteurs ont préféré abandonner la rotation maïs-soja-blé d'hiver pour se consacrer exclusivement au soja[14]. En Argentine, le soja génétiquement modifié a envahi le pays, au détriment des élevages emblématiques. Cette céréale est désormais cultivée sur 69 % des surfaces des petits exploitants, au détriment de la rotation des cultures et de la fertilité des sols[15]. Les agriculteurs délaissent l'association des cultures et de l'élevage, pourtant très utile pour préserver la terre. En agroécologie, le fumier aide en effet à réaliser du compost qui servira d'engrais naturel. En vingt ans, la surface ainsi consacrée à la culture du soja a triplé[16] en Argentine ! Les mêmes variétés dotées des mêmes caractéristiques sont semées, réduisant encore un peu plus la diversité semencière.

Des agriculteurs déçus et parfois même ruinés

En 2016, un article du *New York Times*[17] a montré qu'en vingt ans les États-Unis et le Canada n'ont pas connu d'augmentation de rendement plus importante qu'en Europe, où les OGM sont très peu cultivés. Même un rapport de l'Académie nationale des sciences américaines, connue pour ses positions pro-OGM, reconnaît qu'il y a peu de preuves de l'impact de l'introduction des OGM sur les rendements[18].

C'est en partie pour cette raison que Joe Logan, agriculteur américain de l'Ohio, a décidé d'abandonner les semences OGM au printemps 2017. Il ne constatait aucun gain de rendement et ses graines coûtaient de plus en plus cher. Aujourd'hui, cet agriculteur achète son sac de semences de soja 60 dollars, cinq fois plus cher qu'il y a vingt ans. Une tendance confirmée par le ministère de l'Agriculture américain. Au niveau national, depuis 1996, le prix des semences de soja a été multiplié par quatre[19]. « Une partie du problème vient du fait que c'est trop cher, explique Joe Logan. Mais ce n'est pas tout. Moi et d'autres agriculteurs américains avons l'impression d'avoir été trompés. À cause des OGM, un nombre très limité de grandes multinationales contrôle toute la production de semences et les vend très cher. En cessant de cultiver des semences génétiquement modifiées, nous voulons leur envoyer un signal fort. Nous allons chercher des alternatives qui ne nous enferment pas dans une relation où notre seul rôle consiste à faire faire des profits aux multinationales. »

▸ **Joe Logan** est agriculteur et président de l'Union des agriculteurs de l'Ohio, qui rassemble quatre mille agriculteurs. Il possède 182 hectares cultivés en maïs, soja et blé. Il élève également des bovins. Il fabrique également du sirop d'érable.

Arrêter de semer des OGM n'est pas une décision si facile à prendre aux États-Unis, surtout s'il s'agit de soja. Il y a même eu des pénuries de semences conventionnelles. Joe Logan souhaiterait que l'offre non OGM se développe et cherche de nouveaux débouchés. Il pense cultiver du soja pour l'alimentation humaine au Japon (celui qu'il cultivait était destiné à l'alimentation animale).

Des mauvaises herbes résistantes, des rendements stables et des semences plus chères : pourquoi, si les conséquences sont si néfastes, autant d'agriculteurs sèment-ils du coton, du maïs, du soja ou du colza OGM ? C'est qu'au cours des premières années, avant l'apparition des mauvaises herbes résistantes, ces « plantes pesticides » simplifient le désherbage, permettent de gagner du temps et d'obtenir une plus grande flexibilité[20], notamment pour les grandes surfaces. Grâce aux plantes tolérantes à un herbicide total, un agriculteur peut traiter lorsque la plante a déjà poussé, ce qui est impossible avec les semences conventionnelles.

Si tant d'agriculteurs ont choisi cette solution, c'est aussi qu'ils y ont été fortement encouragés. Nombre de paysans ne veulent pas donner l'image de « ploucs » opposés au progrès. Mais, dans certains pays, ils n'ont même pas eu le choix. Ainsi en Inde ou au Burkina Faso, où les OGM leur ont été imposés.

Au Burkina Faso, en 2009, les agriculteurs ont commencé à cultiver du coton génétiquement modifié pour produire un insecticide. Moins de dix ans plus tard, en 2016, ce pays a décidé de renoncer aux OGM pour cette culture. L'Association interprofessionnelle du coton du Burkina a annoncé un retour complet aux semences conventionnelles en 2018 et réclame plus de 73 millions d'euros de dédommagements à Monsanto[21]. Les augmentations de rendements promises n'ont pas été constatées, mais surtout la qualité de la fibre s'est beaucoup détériorée. Avant l'adoption des OGM, le Burkina vendait son coton à un prix très rémunérateur grâce à la qualité de sa fibre, très appréciée sur le marché international.

Sur le terrain, les conséquences sont dramatiques. Dans le petit village de Koumbia, Houssine Sawadogo[22], cinquante-six ans, déplore une production annuelle insuffisante. Son groupement d'agriculteurs cumule une dette de plusieurs centaines de milliers de francs CFA à la Sofitex, l'une des grandes sociétés cotonnières du pays. « Avec les OGM, on nous avait promis la lune, mais notre situation a empiré », raconte cet agriculteur.

À une vingtaine de kilomètres de là, dans le village de Konkolekan, les paysans se retrouvent dans la même situation. « Le rendement des OGM est plus faible que ce qu'on nous avait dit, regrette Nikodime Badoun. Le coton n'a plus le même poids. Et les chenilles continuent de l'attaquer. On nous promettait deux pulvérisations par an avec le coton Bt[23]. Mais, aujourd'hui, on en fait trois ou quatre, car de nouveaux ravageurs sont apparus. » Les zones refuges sans OGM, indispensables pour éviter l'apparition rapide d'insectes résistants aux pesticides, sont difficiles, voire impossibles à mettre en place dans un pays où l'on compte de nombreuses petites exploitations familiales.

Pourquoi les paysans n'ont-ils eu d'autre choix que de semer des OGM ? « La Sofitex (une des trois sociétés cotonnières du Burkina) nous dit : "Toi, tu feras 70 % d'OGM et 30 % de conventionnel", explique Nikodime Badoun. Si on refuse, elle répond que c'est ça ou rien. Nous sommes obligés d'obéir car nous n'avons pas les moyens de payer l'engrais et les pesticides. »

Aujourd'hui, beaucoup regrettent d'avoir cultivé des OGM. Le prix des semences a flambé. « Avant, pour 7 hectares, je devais dépenser 588 000 francs CFA. Aujourd'hui, avec les OGM, j'en ai pour 718 000 francs CFA, calcule Yezoum Do. Si le rendement était plus important, j'y trouverais mon compte. Mais ce n'est pas le cas. » Selon ces agriculteurs, ce coton serait également responsable de maladies et de décès d'animaux d'élevage. Le lien n'a pas encore été prouvé scientifiquement, mais presque tous les témoignages concordent. « Les éleveurs et les cultivateurs vivaient en harmonie avec le coton conventionnel, explique Yaya Barry. Or, depuis les OGM, il y a des maladies et des fausses couches chez nos bêtes. J'avais cinquante têtes avant les OGM, je n'en ai plus que deux. »

La fin de la culture de coton génétiquement modifié au Burkina Faso ne signifie pas l'arrêt des OGM. Des expérimentations sont toujours en cours pour le maïs, le niébé et le sorgho. Des cultures qui inquiètent les acteurs de l'agroécologie au Burkina. « Pour le coton, l'expérience montre que les contaminations accidentelles sont fréquentes : erreurs sur les semences, mélanges, contaminations pendant le transport ou même en usine, estime Christian Legay, de l'ONG Autre Terre. Le risque le plus grave est évidemment lié aux expérimentations en stations de recherche, qui pourraient être diffusées chez les producteurs. Elles pourraient compromettre le développement des filières biologiques. »

▸ **Christian Legay** est agronome, spécialiste en agroécologie. Représentant d'Autre Terre pour l'Afrique de l'Ouest, il vit au Burkina Faso depuis 1982. À la suite de la catastrophe du coton génétiquement modifié, il estime qu'il faudrait exiger un moratoire de dix ans sur les OGM, afin de réaliser des études d'impacts sur cette expérience.

Les ONG restent en alerte. De nombreuses associations craignent une poussée des OGM en Afrique. « L'empressement avec lequel certains gouvernements sont en train de légiférer sur ces questions – la Côte d'Ivoire vient ainsi d'autoriser les OGM – reflète les fortes pressions exercées par les semenciers et les fondations telles que celle de Bill et Melinda Gates[24], analyse Ange David Baimey, de l'association Grain. Ces pressions sont évidentes, mais il est difficile d'obtenir des informations. Tout est décidé dans une certaine opacité. »

▸ **Ange David Baimey** est représentant en Afrique de l'association Grain depuis 2013. Il regrette que soit évoquée l'indemnisation des sociétés cotonnières au Burkina Faso, et non celle des paysans. Son travail consiste en partie à rencontrer les agriculteurs et les organisations paysannes, à surveiller le vote de nouvelles lois et la signature d'accords commerciaux sur la question des semences et du foncier.

En Inde, les conséquences ont été encore plus dramatiques. Les agriculteurs endettés à cause de l'achat de semences et de pesticides se sont suicidés en masse. Selon l'association Navdanya, trois cent mille agriculteurs se sont suicidés depuis l'introduction du coton génétiquement modifié en Inde[25], en 2002. 80 % de ces suicides se sont produits dans la zone de culture de coton. « Les agriculteurs n'ont pas pu refuser ces semences, souligne la physicienne et militante écologiste indienne Vandana Shiva. Monsanto a obligé toutes les entreprises indiennes à conclure des accords de licence, les empêchant de vendre d'autres semences de coton. Monsanto a augmenté le coût des semences de 80 000 %. Elles ont été fournies à crédit aux paysans. Lorsque le paysan ne pouvait pas rembourser, les agents de Monsanto sont venus prendre leurs terres. C'est alors que les agriculteurs ont bu des pesticides pour mettre fin à leur vie. »

▸ **Vandana Shiva** est physicienne, militante écologiste et féministe. Elle a fondé le mouvement Navdanya (« Neuf semences »), qui est à l'origine de cent vingt banques de semences de variétés reproductibles en toute liberté en Inde. Elle est lauréate du prix Nobel alternatif 1993. En 2016, la distribution des semences locales a permis de réduire de 27 % la surface consacrée au coton génétiquement modifié.

En Inde, seul le coton génétiquement modifié est cultivé. L'aubergine a été autorisée en 2010, mais un moratoire a été signé à la suite d'un mouvement de protestation. Depuis 2014, de vives contestations ne cessent de retarder l'introduction de la moutarde génétiquement modifiée.

En 2015, pour la première fois, la surface consacrée à la culture d'OGM a diminué de 1 % dans le monde[26]. Une baisse faible, mais révélatrice. Vingt ans après leur introduction, les plantes génétiquement modifiées ne sont toujours pas à la hauteur des promesses annoncées. Bien au contraire, en quelques années, les « mauvaises herbes » résistantes aux herbicides ont envahi les champs. Les conséquences ont même été désastreuses et tragiques pour les paysans de certains pays.

Aujourd'hui, les semenciers mettent donc en avant d'autres façons de manipuler le génome. « Les OGM sont une vieille technique, mais il y en a d'autres. Aujourd'hui, on est passé à autre chose », affirme Delphine Guey, de la filière semencière française. Ces nouvelles techniques de modification de génome relancent les mêmes problématiques et les mêmes enjeux qu'il y a vingt ans, avec les OGM.

Quatrième partie

De la nécessité de réhabiliter les semences libres

Comment désigner les « nouveaux OGM » ? À peine nommées, ces nouvelles techniques de modification génétique suscitent la controverse. « L'enjeu pour les semenciers est terminologique, souligne Suzanne Dalle, de Greenpeace. Ils contestent le terme de "nouveaux OGM". Ils les appellent "techniques de sélection génétique", alors qu'il s'agit de techniques de modification génétique. C'est une différence capitale. Ces entreprises craignent qu'on les appelle "nouveaux OGM" et qu'une mobilisation citoyenne se recrée contre eux. »

« Les nouveaux OGM » : définition et controverses

Ce terme de « nouveaux OGM » regroupe des techniques très diverses. Une description scientifique et pointue nous éloignerait de notre propos et n'est pas l'objet de ce carnet. Les seuls noms de ces techniques traduisent leur complexité : CRISPR[1],

TALENs, méthylation de l'ADN, cisgenèse, agro-infiltration, nucléases à doigt de zinc...

L'une d'entre elles a beaucoup fait parler d'elle : CRISPR. Très prisés par les laboratoires de recherche, ses bienfaits ont été vantés par les médias. Ces « ciseaux » génétiques coupent la molécule d'ADN pour induire une mutation ou introduire un gène. D'autres techniques, comme les méganucléases ou encore TALENs, obtiennent le même résultat avec d'autres moyens pour couper le génome.

Peu coûteux et facile à utiliser, CRISPR inquiète autant qu'il fascine. Il devrait même être la vedette d'une prochaine série américaine avec Jennifer Lopez, dans laquelle cette technique serait utilisée à des fins malveillantes. Une crainte qui n'est pas seulement fictive : dans son dernier rapport[2], le directeur du renseignement national des États-Unis a classé les nouvelles techniques de modification du génome dans la catégorie des armes de destruction massive.

Certains scientifiques critiquent l'emballement médiatique autour de CRISPR. « C'est une technique très survendue. Elle a de l'avenir. Elle ouvre des portes jusqu'alors fermées en recherche fondamentale, expose Peter Rogowsky, coordinateur d'un projet de recherche sur les nouvelles techniques de modification de génome. Mais si vous voulez vous servir de CRISPR pour une utilisation efficiente de l'azote, vous devez savoir quel gène vous devez modifier. Aujourd'hui, nous en connaissons très peu. Il faut aussi savoir comment agir sur le gène. En agriculture, les connaissances ne permettent pas une utilisation très large de cette technique. »

▸ **Peter Rogowsky** est directeur de recherche à l'Inra, basé à l'École normale supérieure de Lyon. Il coordonne le projet Genius, qui a pour objectif de développer le savoir-faire autour des nouvelles techniques de modification du génome sur neuf espèces cultivées.

Ces nouvelles techniques ne vont donc pas modifier le type de plantes qui pourront être créées. Les semenciers affirment qu'ils souhaitent les utiliser car elles leur permettront de créer plus rapidement de nouvelles variétés. Pour l'instant, ces techniques dites de pointe ne permettent pas de cultiver avec moins d'eau ou de pesticides chimiques. Ces « nouveaux OGM » devraient encore aboutir à des « plantes pesticides ».

D'autres applications sont possibles, mais elles n'apportent pas d'innovations majeures. Les États-Unis devraient bientôt commercialiser un champignon de Paris issu de CRISPR qui brunit moins vite. Les sélectionneurs essaient parfois de recréer des variétés en mettant en avant des caractéristiques particulières (par exemple, « enrichi en vitamines ou en minéraux »). Des traits qui existent déjà dans les variétés traditionnelles, à cette nuance près que, cette fois, l'information génétique a été brevetée.

Comme pour les OGM, les chercheurs sont loin d'être unanimes sur les effets non intentionnels de ces techniques. Sur ce point, le débat est comparable à celui sur la complexité du vivant. « Il y a peu ou pas d'effets hors cibles, affirme Peter Rogowsky à propos de CRISPR, études à l'appui[3]. Cela existe, mais ce n'est pas très fréquent. Le taux de mutation est dans la gamme des mutations naturelles. »

D'autres chercheurs, s'appuyant sur d'autres études[4], ne font pas du tout le même constat. « Avec CRISPR, on peut rater sa cible, explique Yves Bertheau. C'est plus précis qu'avec les canons à particules des OGM classiques. Mais, pour essayer de changer une lettre du génome, il faut tout casser. »

Daniel Evain poursuit : « Je trouve ça vraiment cocasse. Lorsque je travaillais chez Monsanto, l'argument était de dire que balancer des microbilles de tungstène avec de l'ADN dans les cellules, afin de produire des plantes transgéniques, était un acte chirurgical de haute précision. Aujourd'hui, les mêmes personnes vous assurent que les anciens OGM étaient assez aléatoires, mais qu'aujourd'hui la précision est chirurgicale. À l'endroit où vous voulez modifier l'information génétique, c'est en effet très précis. Mais les ciseaux peuvent ensuite se balader n'importe où dans le génome. Il y a des effets non intentionnels qu'il faut évaluer. »

Plusieurs scientifiques émettent d'ailleurs des doutes sur l'utilisation de cette technique à des fins médicales, à cause de ces mutations également dites « effets hors cibles[5] ». Des chercheurs rappellent que, voilà quelques années à peine, on appelait « ADN poubelles » des ADN qui, en fait, jouent un rôle essentiel. « Comment peut-on dire qu'en ayant bidouillé un petit gène, peu importe la technique, on maîtrise tout ? s'interroge Christian Vélot. Comment peut-on savoir la façon dont la plante, restituée dans son contexte, va se comporter ? C'est un déni de connaissance. C'est un manque d'humilité de prétendre maîtriser le vivant, alors qu'on ne maîtrise rien. »

Les « OGM cachés »

Pour l'instant, aucune plante issue de ces techniques n'a été commercialisée, même si des autorisations ont déjà été accordées aux États-Unis. En Europe, la réglementation est en cours d'élaboration. Les autorités politiques et judiciaires n'ont pas encore tranché : ces nouvelles techniques seront-elles soumises aux mêmes lois que les « anciens OGM » ?

Cependant, plusieurs acteurs de la société civile déplorent que certaines variétés soient passées inaperçues. Des variétés de colza et de tournesol tolérantes à un herbicide sont vendues depuis quelques années en France, sans débat ni réflexion préalables sur leur utilité et leurs conséquences sur l'environnement. Jusqu'à présent, la plupart des variétés rendues tolérantes à un herbicide provenaient d'OGM transgéniques. En France, il n'y avait donc aucune « plante pesticide ». Mais, pour ces variétés rendues tolérantes, les semenciers déclarent avoir employé une technique de mutagenèse autorisée par la législation. Un point qui fait débat – nous y reviendrons.

En 2016, 150 000 hectares de tournesol[6] tolérants à un herbicide ont été cultivés en France, soit 29 % de la production. Pour le colza, les chiffres sont bien moins élevés : 20 000 hectares.

Plusieurs fauchages de ces plantes mutées, dites « OGM cachés », ont été organisés. Le 24 juillet 2010, deux parcelles ont été détruites en Indre-et-Loire. L'une d'elles appartenait à Fabien Labrunie : « Je l'ai mal vécu, raconte-t-il. C'était une agression. Il ne s'agissait pas du tout de produits cachés, ils étaient autorisés sur le marché. Ces parcelles étaient même exposées avec des panneaux. J'aurais préféré dialoguer. » Cet agriculteur affirme semer ces variétés de manière ponctuelle et admet que, si les agriculteurs en abusent, elles ne seront pas efficaces longtemps, du fait de l'apparition de mauvaises herbes résistantes. Fabien Labrunie s'oppose aux brevets et aux OGM, notamment pour le blé, car cela l'empêcherait de reproduire ses semences. « Je reconnais que ces variétés peuvent ouvrir une brèche, mais ce n'est pas une raison pour tout refuser. Je pense qu'il y a trop d'amalgames », poursuit-il.

▸ **Fabien Labrunie** cultive du blé, du colza, du sorgho, du trèfle, du millet, du soja et du tournesol sur ses 160 hectares. Sensible aux questions environnementales, il assure avoir réduit l'utilisation de produits chimiques grâce à la pratique du non-labour, qui consiste à ne plus retourner la terre.

Selon certains agriculteurs, cet exemple manque de cohérence. Il a été prouvé que ces variétés augmentent l'utilisation d'herbicides. « Nous n'acceptons pas que l'on mette au point des plantes capables de supporter des herbicides, alors que la démarche utile consisterait à s'en passer, affirme André Puygrenier, paysan à la retraite. Ce n'est pas du tout anodin. C'est une solution à très court terme ! Les mauvaises herbes s'adaptent. » À soixante-dix-neuf ans, cet ancien agriculteur a été condamné, avec deux autres faucheurs, à trois mois de prison avec sursis et à 11 000 euros d'amende[7] pour avoir participé à la destruction de deux parcelles. Et, pourtant, il n'hésitera pas à recommencer : « En tant qu'agriculteur, je n'éprouve aucun plaisir à aller faucher un champ, mais comme le problème n'est pas porté par les instances, comment faire ? Cela permet de faire connaître le problème », précise cet agriculteur engagé.

▸ **André Puygrenier**, agriculteur à la retraite, a compris, au fur et à mesure, les conséquences désastreuses de l'agriculture intensive. Il a commencé à convertir sa ferme en bio en 1987. Selon lui, les procès de faucheurs volontaires permettent de vulgariser ces problématiques très complexes.

Pour ces variétés se pose la question de la technique utilisée. Ce point particulièrement complexe exige de revenir sur la réglementation des OGM et aux origines de la mutagenèse.

Un organisme génétiquement modifié peut être obtenu par mutagenèse. Dans ce cas, c'est un gène de la plante qui est modifié. Un OGM peut également être transgénique, lorsqu'un gène d'une autre espèce est introduit dans le génome de la plante. Ce sont ces OGM transgéniques qui sont réglementés par une directive européenne[8]. Chaque nouvel OGM doit être évalué.

À l'époque, les législateurs ont considéré que l'on disposait d'un recul suffisant sur les techniques de mutagenèse déjà utilisées pour les exclure de ces évaluations. De nos jours, cependant, de nouvelles techniques de mutagenèse ne cessent d'être inventées. Elles ont beaucoup évolué ces dernières années. Pour la plupart d'entre elles, la réglementation est actuellement en discussion et les débats sont particulièrement vifs.

Les variétés de colza et de tournesol dites « OGM cachés » ont été autorisées car elles auraient été obtenues par mutagenèse aléatoire. Pour simplifier, les semenciers auraient trouvé par hasard ce gène tolérant à un herbicide. Certains acteurs de la société civile doutent de cette version. Il peut se révéler très difficile de savoir quelle technique a été employée pour créer une plante. Selon toute vraisemblance, ces variétés n'auraient pas été élaborées au moyen d'une technique ancienne, ni même de nouvelles, mais grâce à une méthode intermédiaire dirigée par des marqueurs génétiques. « Ce n'est pas de la mutagenèse aléatoire en plein champ, affirme Guillaume Tumerelle, avocat spécialisé en droit rural et environnemental. C'est de la mutagenèse réalisée en partie en plein champ, en partie en laboratoire. Les semenciers prennent une cellule de la plante, la soumettent à un agent chimique qui la fait muter, puis ils régénèrent la plante. »

▸ **Guillaume Tumerelle**, avocat spécialisé en droit rural et environnemental depuis 2002, a défendu à plusieurs reprises les faucheurs volontaires depuis 2011. « Ce sont des sujets auxquels je crois, confie-t-il. Tout est verrouillé au niveau juridique. Nous nous bagarrons, nous y passons autant de temps parce que nous y croyons. »

On distingue plusieurs sortes de mutagenèse. Celle qu'opère la nature permet de supprimer les mauvaises mutations au fil des années. Celle effectuée par les semenciers a d'abord consisté à soumettre l'ensemble de la plante à des agents chimiques ou aux rayons X. Certains scientifiques soutiennent que ces pratiques, déjà autorisées, provoquent autant de mutations que les techniques plus récentes, réalisées en laboratoire. « C'est différent, riposte Yves Bertheau. Les études étaient *in vivo*, c'est-à-dire dans les champs. Les observations étaient plus longues, grâce au temps de sélection variétale. Nous avions plus de recul. La réglementation a mis du temps à se mettre en place. S'il y avait eu des aberrations chromosomiques, elles auraient été observées. »

Selon de nombreux défenseurs de l'environnement, la distinction ne devrait pas s'établir entre les semences modifiées par mutagenèse et celles obtenues grâce à la transgenèse, mais entre celles conçues en plein champ et celles réalisées en laboratoire, où l'on recrée une plante entière à partir d'une seule cellule isolée. « La mutagenèse *in vitro* [en laboratoire] n'est pas naturelle, assure le journaliste Éric Meunier, spécialiste de cette question. La mutagenèse a lieu spontanément dans la nature, sans quoi elle ne pourrait évoluer. [...] Mais, à ma connaissance, aucun organisme ne se reproduit à partir d'une cellule. Travailler sur culture de cellules génère des milliers, voire des millions de mutations qui n'ont pas lieu dans la nature. En prenant une cellule et en l'isolant de son organisme, on l'isole aussi de tous les mécanismes de régulation que l'on ne connaît pas forcément. »

Le débat autour des « nouveaux OGM » s'enlise

Les discussions autour des « nouveaux OGM » ont commencé depuis 2007 au niveau européen. Aucune décision n'a encore été prise. Ni par le pouvoir politique ni par le pouvoir judiciaire.

Ce débat a même provoqué une grave crise au sein du Haut Conseil des biotechnologies*. Les avis du HCB aident le gouvernement à se positionner sur ces questions cruciales. Un avis rétrogradé en rapport provisoire[9] sur les nouvelles techniques de modification du génome a provoqué la démission d'un chercheur du comité scientifique, Yves Bertheau, qui travaille depuis des années sur les OGM. Ses arguments n'ont pas été pris en compte, notamment sur les effets non intentionnels des « nouveaux OGM ». « C'est très rare dans le monde scientifique de démissionner, souligne-t-il. C'est une décision importante. Mais certains cherchaient à cacher, à atténuer les problèmes. Je ne l'ai pas supporté. » À la suite de cet incident, sept associations[10] ont décidé de démissionner du Comité économique, éthique et social (CEES) du HCB. Elles ne voulaient pas participer à un débat manipulé et servir de caution.

Christine Noiville, présidente du Haut Conseil des biotechnologies, reconnaît qu'il y a des points à améliorer, notamment dans la façon de mener les débats. « Être amputés d'une partie des représentants de la société pose un problème de crédibilité de l'avis rendu[11], explique-t-elle. Mais nous connaissons bien la position des représentants qui ont démissionné, et nombre d'autres personnes, au CEES, sont sensibles aux thèses de ceux qui sont partis. »

▸ **Christine Noiville** est docteur en droit. Au CNRS, elle s'est spécialisée dans les thématiques liées aux sciences. Avant de devenir présidente du Haut Conseil des biotechnologies, elle avait particulièrement travaillé à la mise en œuvre du principe de précaution et de celui de démocratie participative.

Selon les associations, les discussions au HCB sont d'ores et déjà tronquées car le gouvernement a demandé à cet organisme de réfléchir à une troisième voie pour ces nouvelles techniques, une réglementation à mi-chemin des OGM transgéniques et des variétés classiques. Mais ces défenseurs de l'environnement veulent que les « nouveaux OGM » soient réglementés comme les OGM transgéniques.

Comme pour les OGM, personne ne veut porter la responsabilité d'un risque et donc personne ne veut décider. Un manque de courage politique[12] déploré par les semenciers comme par les acteurs de la société civile. « Les experts affirment qu'ils ne sont pas responsables, et qu'ils ne donnent qu'un avis. Les politiques, quant à eux, expliquent qu'ils ne savent pas et ne sont donc responsables de rien, regrette Corinne Lepage. Personne n'est jamais responsable de rien ! Le sujet des OGM ne se comprend que par rapport à la responsabilité individuelle des décideurs. » Un problème que l'on retrouve au sein des acteurs économiques. Dans un rapport du HCB[13], la grande distribution précise bien que les semenciers doivent porter la responsabilité civile et pénale de la mise sur le marché de ces nouvelles techniques.

Pour l'instant, ni l'État français ni la commission européenne ne semblent vouloir trancher ce dossier. Le pouvoir judiciaire sera sans doute le premier à donner des éléments. Saisi par des associations et des syndicats agricoles à propos des « OGM cachés », le Conseil d'État[14] a demandé à la Cour de justice de l'Union européenne si les nouvelles techniques de modification de génome doivent être réglementées comme des OGM transgéniques. Elle se prononcera d'ici à dix-huit mois. Si les décisions judiciaires ne lui conviennent pas, le pouvoir politique peut ensuite changer la loi.

La prolifération des brevets

« Ce point est essentiel, précise Patrick de Kochko, du Réseau Semences paysannes. Nous ne voulons pas de brevet, nous ne voulons pas d'appropriation du vivant. Les brevets et les OGM sont indissociables. Si nous nous mettons d'accord pour qu'il n'y ait plus de brevets, il n'y aura plus d'OGM. Ce ne serait plus intéressant pour les multinationales. »

Avec les OGM transgéniques, les brevets ont commencé à envahir le monde du vivant. Les semences génétiquement modifiées et les gènes peuvent déjà être brevetés. Mais les semenciers essaient toujours d'aller plus loin. En 2009, Monsanto a tenté, en vain, de breveter les cochons nourris aux aliments génétiquement modifiés[15]. L'Argentine ne reconnaissant pas les brevets sur les semences génétiquement modifiées, Monsanto a également tenté, sans succès, de breveter la farine issue de soja génétiquement modifié importée de ce pays vers l'Europe[16].

En Europe, on compte actuellement 2 800 brevets sur des plantes[17]. De nombreux gènes de tomates, de salades ou de poivrons appartiennent aux semenciers pour une utilisation commerciale. Lorsqu'elles découvrent une simple information génétique, les multinationales revendiquent une modification, même minime, voire quasi inexistante, puis elles la brevètent.

Les brevets exacerbent la concurrence entre les entreprises. Le semencier français Jacques Gautier, directeur général de Gautier Semences, a connu à cet égard une mésaventure révélatrice. Un semencier néerlandais avait revendiqué d'avoir transféré d'une salade sauvage naine à une salade cultivée une information génétique la rendant résistante à un certain puceron, sans le défaut de nanisme, et avait déposé un brevet en ce sens. Selon lui, la résistance au puceron était un caractère spécifique des salades naines. Une affirmation contestée par Jacques Gautier : « Nous avions un programme de recherche sur ce caractère, mais sans le défaut de nanisme associé à ce trait de résistance. » L'invention revendiquée par le semencier néerlandais n'était donc pas justifiée. Pourtant, il a obtenu son brevet et Jacques Gautier paie des redevances à cette société pour vendre des salades avec ce trait de résistance à un puceron. « Aujourd'hui, une majorité des laitues consommées à l'automne présentent ce caractère, précise-t-il. Breveter les caractères présents à l'état naturel est une appropriation qui interdit leur libre utilisation dans de nouvelles variétés. »

▸ **Jacques Gautier** dirige l'entreprise Gautier Semences, fondée par son père et son grand-père en 1952. Il emploie cent trente-cinq permanents et une soixantaine de saisonniers. Il considère que les PME qui respectent déjà le COV ne pourront plus faire leur métier de semenciers si les brevets se multiplient davantage.

La loi sur la biodiversité, définitivement adoptée en juillet 2016, limite certains brevets sur le vivant, mais son application est restreinte au territoire français. Un semencier peut toujours déposer un brevet en Europe. Entre 2001 et 2014, le prix du séquençage génétique[18] a été divisé par cent mille[19]. Les semenciers font donc la course à celui qui brevètera le plus de gènes. « Ils créent une bulle financière, estime Guy Kastler, du Réseau Semences paysannes. Ils rachètent un concurrent pour avoir accès à ces informations génétiques. Il y a une forte concentration dans ce secteur. Même si elles ne sont pas encore commercialisées, ces nouvelles techniques renforcent le pouvoir des multinationales. Il leur faut toujours plus d'informations génétiques afin de déposer des brevets. Les sélectionneurs font de la recherche devant des ordinateurs. Ils modélisent le vivant. Le scientifique sait que la vie ne fonctionne pas de cette façon. Il est obligé de simplifier. Ce n'est plus la réalité qui se reflète dans l'ordinateur, mais l'ordinateur qui façonne la réalité. Les mathématiques sont une science de la nature morte. L'échec du coton génétiquement modifié au Burkina Faso montre bien que cela ne fonctionne pas. »

Les associations dénoncent un double discours des semenciers, qui veulent breveter les « nouveaux OGM » et revendiquent donc des innovations. Cependant, lorsqu'on évoque l'évaluation, ils affirment que ces nouvelles techniques sont proches des procédés naturels.

Pour échapper à cette contradiction, le Gnis avance une autre possibilité : protéger les variétés par un COV amélioré qui se rapprocherait des brevets. Au cours des premières années, l'entreprise aurait l'exclusivité d'exploitation commerciale. Une hypothèse qui est loin de faire l'unanimité au sein même de la filière semencière !

Selon de nombreuses associations environnementales, les brevets continueront de proliférer. Cette proposition de COV amélioré ne serait qu'une diversion pour imposer les « nouveaux OGM ». « Si mon voisin cultive des semences brevetées et qu'elles contaminent mon champ, j'aurai un procès. Je ne pourrai pas lutter, car qui peut lutter contre les semenciers ? C'est un problème de financiarisation de la semence. Il faut que tout ait une valeur. Mais d'autres voies sont possibles : aujourd'hui 70 % de la population mondiale est nourrie par les semences paysannes[20] », conclut Patrick de Kochko.

La solution : investir dans la recherche de semences adaptées à l'agriculture biologique

Des hybrides F1 aux « nouveaux OGM », les sélectionneurs restent dans la même logique : trouver des semences qui s'adaptent à un mode de culture, celui de l'agriculture industrielle. Ils s'efforcent, en vain, de maîtriser la nature.

Selon de nombreux défenseurs de l'environnement, il serait temps de réorienter totalement la sélection des semences pour développer, enfin, des semences adaptées à l'agriculture biologique ou à l'agroécologie. Il existe aujourd'hui peu de recherches sur ces semences. À l'Inra, rares sont les scientifiques à travailler sur ce sujet.

On distingue deux types de recherches : la recherche participative, réalisée sur les semences paysannes reproductibles en toute liberté ; et une recherche « intermédiaire », qui invente des variétés plus rustiques dans des conditions de culture biologique, mais dans le respect des critères d'homogénéité, de stabilité et de distinction. Ces semences peuvent donc être vendues. En 2012, deux nouvelles variétés de blé bio ont été commercialisées, avec des rendements de 15 % supérieurs à ceux obtenus avec la variété la plus cultivée en agriculture biologique.

Selon tous les défenseurs de l'environnement que nous avons interrogés, les nouvelles techniques de modification du génome sont incompatibles avec l'agriculture biologique. « Une des raisons de la rapidité du développement des semences paysannes, ce sont les OGM, explique Guy Kastler. Que peut faire un agriculteur qui ne veut pas d'OGM, s'il n'y a que ça sur le marché ? L'autonomie du paysan est importante. C'est une liberté de choix. Nombre d'agriculteurs du Réseau Semences paysannes ont commencé à faire leurs propres semences. Puis ils sont passés au bio car ils se sont aperçus que ces semences ne fonctionnaient pas avec les produits chimiques. »

Véronique Chable est l'une des quatre chercheuses en France à travailler sur les variétés reproductibles en toute liberté, également appelées « variétés populations ». Elle considère que l'homogénéité exigée afin d'inscrire les semences au catalogue favorise les maladies dans les champs. « Les variétés populations sont très différentes des variétés modernes, mais, à terme, elles sont plus efficaces, affirme-t-elle. Le renouvellement des variétés modernes est de plus en plus rapide. Les variétés de maïs durent trois à quatre ans. Elles sont très vite inadaptées. Les variétés populations changent, s'adaptent, coévoluent avec leur environnement. Elles ont une souplesse que n'ont pas les variétés modernes. »

▸ **Véronique Chable**, agronome, travaille à l'Inra depuis 1999. Elle réalise ses recherches avec les paysans, de plus en plus nombreux à vouloir réaliser leurs propres semences. Elle collabore régulièrement avec le Réseau Semences paysannes.

Dans un rapport des Nations unies, Olivier De Schutter vante également les qualités de ces semences reproductibles en toute liberté : « Ces variétés sont les mieux adaptées aux milieux difficiles dans lesquels elles sont cultivées. Elles donnent d'assez bonnes récoltes sans ajout d'intrants, d'engrais chimiques par exemple. Et, comme elles ne sont pas homogènes, elles résistent mieux aux événements météorologiques ou aux attaques de ravageurs et de maladies[21]. »

Une étude[22] réalisée au Sahel montre que si les graines avec lesquelles les paysans cultivaient il y a vingt ans étaient ressemées aujourd'hui, elles ne pousseraient plus. Grâce à la sélection intuitive de leurs semences, ils continuent de pouvoir cultiver la nourriture de base, à savoir le mil. « Cette étude montre que les OGM sont une mauvaise voie, estime Jacques Testart. Ce n'est même pas scientifique. Il faut encourager la sélection variétale des paysans, celle qui s'adapte progressivement, au fil des ans. En seulement vingt ans, les semences ne poussent plus. Or, il faut douze ans pour créer et faire autoriser un OGM. C'est donc aberrant ! » Aujourd'hui, ce sont les engrais et les pesticides chimiques qui permettent aux variétés modernes de pousser dans ces conditions.

Blanche Magarinos-Rey participe à la réforme du cahier des charges de l'agriculture biologique au niveau européen. « La Commission européenne ne veut rien lâcher du tout, déplore cette avocate. Les négociations sont difficiles. Nous sommes face à un mur. Nous demandons juste plus de souplesse pour les semences destinées à l'agriculture biologique. Les variétés hétérogènes, si elles sont bio, pourraient être autorisées. Les variétés bio n'auraient plus l'obligation d'être inscrites au catalogue et de respecter les critères de stabilité, d'homogénéité et de distinction. »

L'agriculture biologique a besoin d'une réglementation plus souple. Jusqu'ici, ce type d'agriculture s'était concentré sur la façon de cultiver, notamment sans produits chimiques. Mais la semence, élément central et capital, ne pourra pas être oubliée beaucoup plus longtemps au sein de cette agriculture en plein développement.

Conclusion

En 2016, 84 % des Français étaient hostiles à la production d'OGM[1]. En 2012, huit Français sur dix s'inquiétaient de la présence éventuelle d'OGM dans leur alimentation[2]. Les Français et les Européens ne veulent pas des OGM[3]. La grande crainte des industriels : que les aliments provenant de nouvelles techniques de modification du génome soient étiquetés OGM. Les semenciers savent très bien que ces produits ne seraient pas achetés. Une intense bataille se livre en Europe autour de l'autorisation de ces « nouveaux OGM ».

Le grand public, jusqu'ici, n'a été que peu informé sur ces questions très complexes. Et, pourtant, chacune et chacun d'entre nous, sans exception, est rigoureusement concerné par cette problématique cruciale. La semence, base de la vie, ne peut pas devenir un bien privé et manipulé. La richesse et la diversité du patrimoine semencier ont déjà été bien altérées.

La dangerosité des pesticides chimiques a été démontrée et prouvée. Les risques et les controverses sur la semence sont moins connus. Certains s'efforcent de restreindre ce débat et, pour empêcher qu'il ne devienne public et démocratique, préfèrent parler de « biotechnologie » en lieu et place d'« OGM ». Mais, des semences hybrides F1 aux « nouveaux OGM », on reste dans la même logique : l'homme au-dessus de la nature, tentant en vain de la maîtriser.

Utilisation accrue des pesticides, développement des mauvaises herbes résistantes, perte de la biodiversité semencière... Vingt ans de recul ont démontré que cette posture ne tient pas. Certains chercheurs affirment que les « plantes pesticides » peuvent avoir des conséquences lourdes pour la santé.

Selon les défenseurs de l'environnement, il est urgent de développer des semences adaptées à l'agriculture biologique ou à l'agroécologie, pour revenir tout simplement aux bases de ce qui a nourri l'humanité pendant des siècles.

Certes, la sélection variétale est indispensable ; mais, auparavant, les sélectionneurs reproduisaient les mécanismes naturels. Aujourd'hui, ce n'est plus le cas. Les chercheurs tentent d'adapter la semence au mode de culture industrielle. Or, contrairement aux pesticides chimiques, les manipulations génétiques peuvent avoir des conséquences irréversibles. Elles ont des répercussions sur tout l'écosystème.

Il est encore temps de changer de logique. Les nouvelles techniques de modification du génome n'ont pas encore envahi le monde de la semence. De nombreux acteurs de la société civile soignent et entretiennent ce patrimoine semencier au quotidien. La transition serait d'autant plus facile à opérer.

Chiffres clés

• 75 % des variétés de semences ont disparu en un siècle.

• Si d'autres fusions comme celle des entreprises Monsanto et Bayer sont autorisées, 60 % des semences commerciales seront contrôlées par seulement trois sociétés dans le monde.

• Pour avoir le même contenu nutritionnel qu'une pomme des années 1940, il faut en manger trois aujourd'hui. L'épinard, lui, a vu sa teneur en potassium chuter de 53 %, et sa teneur en phosphore de 70 %. Dans les carottes, le calcium a diminué de 50 % et le magnésium de 75 %.

• 90 % des variétés agricoles ne sont plus cultivées par les agriculteurs.

• La quasi-totalité des OGM agricoles cultivés dans le monde sont des « plantes pesticides ».

• 83 % du soja cultivé dans le monde provient de plantes génétiquement modifiées.

• En 2015, 28 pays ont utilisé des semences génétiquement modifiées.

• 88 % des OGM sont semés sur le continent américain, avec en tête les États-Unis, le Brésil, l'Argentine et le Canada.

• 77 OGM pour l'alimentation humaine et animale sont autorisés à l'importation en Europe. On peut estimer que 90 % du bétail élevé en France peut avoir été nourri avec des OGM. En 2015, 3 millions de tonnes de fèves et de tourteaux de soja génétiquement modifiés ont été importés en France.

• Aux États-Unis, la consommation d'herbicides a grimpé de 21 % entre 1992 et 2011, alors qu'elle a diminué dans d'autres pays où la culture d'OGM est interdite.

• Aujourd'hui, 478 cas de mauvaises herbes résistantes différentes ont été recensés dans le monde.

• Une étude de l'Inra a analysé la littérature scientifique des OGM produisant un insecticide : 40 % des publications présentent un conflit d'intérêts financier. Lorsque de tels conflits d'intérêts ont été constatés, les conclusions sont, chaque fois, plus favorables aux semenciers.

• En 2010, une étude américaine a montré que 80 % du colza sauvage le long des routes du Dakota du Nord étaient devenus transgéniques.

• En vingt ans, la surface consacrée à la culture de soja a triplé en Argentine.

• Aux États-Unis, en vingt ans, le prix des semences de soja a été multiplié par 4.

• En Inde, 300 000 agriculteurs se sont suicidés depuis l'introduction du coton génétiquement modifié en 2002. 80 % de ces suicides ont eu lieu dans la zone de culture de coton.

• En 2016, 150 000 hectares de tournesol tolérant à un herbicide ont été cultivés en France, soit 29 % de la production. Pour le colza, les chiffres sont moins élevés : 20 000 hectares.

• En Europe, on dénombre aujourd'hui 2 800 brevets sur des plantes.

Entretien avec Pierre Rabhi

Juliette Duquesne — *Dans la première partie de ce carnet, nous avons traité d'un fait méconnu : l'interdiction de commercialiser certaines semences, les semences reproductibles en toute liberté. Que pensez-vous de cette réglementation très restrictive ?*

Pierre Rabhi — Cette réglementation est arbitraire. Les semences ont été commercialisées, échangées ou données librement pendant des milliers d'années. Elles ont été transmises de génération en génération. Certaines se sont même répandues sur toute la planète. Elles font partie du patrimoine de l'humanité. Jusqu'ici, les semences n'ont jamais été réglementées de cette façon. La notion de hold-up légalisé est particulièrement appropriée car il s'agit d'une mainmise sur le bien commun. Moralement, ce n'est pas admissible. Les semences doivent jouer leur rôle d'infiltration dans le tissu social à des fins de survie de tous. L'homme agriculteur a toujours disposé de semences adaptées à son lieu et à son climat. Chaque peuple a toujours pris soin des semences nécessaires à sa survie.

— *Aux États-Unis ou en Argentine, pour des cultures comme le soja, plus de 90 % des surfaces sont cultivées avec des semences OGM. Comment réagissez-vous à cette donnée ?*

— Des firmes veulent maîtriser les semences afin de réaliser toujours plus de profits. Elles mettent fin au principe d'autonomie des paysans et de tous les citoyens, principe jusqu'alors fondamental. Il est cousu de fil blanc qu'une réflexion presque machiavélique a été menée afin de trouver de nouveaux espaces de profits, au détriment de ce qui a toujours existé. Des entreprises ont supprimé de l'autonomie pour créer de la dépendance, afin de réaliser du profit. Mais les effets induits sont criminels car ils confisquent à la population la capacité de se nourrir par elle-même. En rendant dépendants les paysans, les multinationales acquièrent un pouvoir sur eux. La dépendance crée de la subordination. Les agriculteurs n'agissent plus selon leur bon vouloir, ni selon leurs besoins. Il s'agit d'une véritable dictature, d'autant plus pernicieuse et dangereuse qu'elle ne dit pas son nom et invoque sa mission salvatrice de l'humanité. Lorsque j'étais paysan, j'essayais, autant que possible, de reproduire mes semences en espérant être autonome.

— *La quasi-totalité des OGM sont des « plantes pesticides », c'est-à-dire qu'elles absorbent ou fabriquent des pesticides. Cette information, somme toute assez peu connue par le grand public, vous surprend-elle ?*

— Il s'agit de plantes manipulées à l'aveugle et régies par des lois artificielles établies par le monde du profit. Ce secteur très lucratif nous éloigne des lois naturelles. La capacité de ces plantes à absorber des doses importantes de pesticides augmente leur nocivité, aux dépens de celui qui les consomme. Nous ne savons pas comment ces végétaux modifiés évolueront à moyen et à long terme. Comment cela s'harmonisera-t-il ?

Les plantes se sont toujours régulées entre elles. En agriculture biologique, quand des légumineuses et des graminées sont associées, elles s'apportent mutuellement des effets bénéfiques croisés et protecteurs. Des plantes vulnérables à tel ou tel insecte peuvent être protégées par une autre plante que l'insecte fuit. Nous connaissons de mieux en mieux ces astuces. L'art du voisinage des plantes pour s'autoprotéger et se stimuler a beaucoup progressé. Il suffirait de répandre ces techniques. Nous n'aurions plus besoin de tous ces produits chimiques.

L'enquête présentée dans ce carnet démontre que les OGM accroissent l'utilisation des pesticides. Nous assistons à l'assassinat de la terre-mère. C'est une immense exaction. Je ne comprends pas que la sauvegarde de la terre-mère ne soit pas considérée comme une urgence absolue et qu'elle ne soit pas prise en compte par la législation internationale.

— *Aujourd'hui, il est possible de recréer une plante en laboratoire à partir d'une seule de ses cellules. Ces innovations sont-elles vraiment utiles ?*

— C'est une transgression des lois définies par la nature depuis les origines. Les résultats obtenus peuvent griser, mais il faut rester prudent. Je le répète, nous n'en connaissons pas exactement les conséquences à terme. La nature est la seule réalité. Nous aussi sommes ses enfants, mais nous l'oublions souvent. L'être humain n'est pas sorti d'un laboratoire. Nous, Terriens, dépendons des lois naturelles. Rien ne doit nous en séparer.

Cette vision de l'homme-maître, manipulateur de la nature, est une idée très ancienne. On la trouve déjà dans la Bible. Mais, ces dernières années, ces transgressions s'accélèrent. Nous nous éloignons de ce que la nature, le plus vieux laboratoire du monde, a établi. Il est indéniable que les êtres humains ont réalisé des croisements très intéressants, même dans le monde animal. Le croisement de l'âne et de la jument donne le mulet, qui a la robustesse de l'âne et la taille du cheval. Il est bon de valoriser la nature. Mais il faut fixer une limite. La fabrication de semences en laboratoire en est une : à quoi bon, puisqu'elles se reproduisent dans la nature depuis des milliers d'années ?

— *Les OGM ne concernent pas que les végétaux. Un saumon génétiquement modifié pour grossir plus vite a été inventé. Mais il ne sera vendu qu'en filets car certains individus peuvent avoir la tête déformée. Est-ce un exemple de ces transgressions ?*

— Mais pourquoi avoir créé ce poisson ? Les poissons existent naturellement ! Il suffit de les protéger. Ces innovations illustrent le côté prométhéen de l'homme, qui voudrait remplacer Dieu et s'érige comme ayant tous les droits sur la vie. Il la manipule selon son bon vouloir, pour se prouver à lui-même qu'il est intelligent. Mais ne confondons pas l'intelligence avec la vanité et l'obscurantisme travesti de science. Le fameux « vous serez comme des dieux » résonne toujours dans l'inconscient.

— *Dans notre carnet consacré à la faim dans le monde*[1]*, nous avions évoqué le rôle de la science. Avec cette thématique sur les semences, nous retrouvons le même débat. La place accordée à la science semble un enjeu capital. Qu'en pensez-vous ?*

— La science peut être un alibi pour réaliser du profit. Elle peut également être souveraine, dans une forme de sagesse profonde, et encourager la lucidité. Nous ne pouvons pas nier certains progrès scientifiques : la chirurgie, les médicaments pour éradiquer les épidémies, etc. Mais, comme je le répète souvent, c'est scientifiquement que nous avons fabriqué des missiles et la bombe atomique.

« Science sans conscience n'est que ruine de l'âme » : la formule de Rabelais reste d'actualité. Mieux, elle prend plus d'ampleur aujourd'hui. Car la science a acquis une sorte de prépondérance. Depuis que l'humanité existe, la science existe. Mais elle est subordonnée à la conscience qui en use. Aujourd'hui, elle a tellement investi l'espace public qu'il suffit d'évoquer un élément non scientifique pour qu'il soit considéré comme non avenu. Quand un expert affirme qu'un argument est scientifique, nous n'avons plus qu'à nous taire. Pourtant, ce n'est pas forcément la vérité.

Quelle est l'intention scientifique des semenciers ? C'est cette question qui est capitale. Quel dessein les anime : le progrès, ou la capacité grisante à manipuler des gènes et à se sentir divinisés ?

— Les OGM sont présentés comme une solution pour éradiquer la faim dans le monde, aussi bien par les semenciers que par la fondation de Bill et Melinda Gates. Je sais que vous êtes loin de partager cet avis. Mais comment pouvez-vous être sûr que les OGM ne sont pas une solution viable ?

— Les OGM ne pourront jamais répondre au problème de la faim dans le monde. C'est une imposture ! Les OGM sont commercialisés et brevetés. Ils appartiennent à des entreprises privées. Avec ces chimères, ils mettent à genoux des populations entières. Les OGM favorisent la faim dans le monde. Ils créent de la dépendance. Les aliments issus de semences génétiquement modifiées sont souvent moins riches d'un point de vue nutritif.

Notre devoir est simplement d'aider les paysans à développer un patrimoine semencier extraordinaire. Les semences locales et traditionnelles sont adaptées à l'alimentation humaine. Quand le contenu de cette nourriture dite vernaculaire et traditionnelle est analysé, on se rend compte qu'elle est de très bonne qualité nutritive.

Nous n'avons pas créé des OGM parce que l'humanité manquait de variétés de semences, mais pour répondre à une tout autre attente : comment réaliser du profit ? L'alibi du rendement ne tient pas non plus. Lorsque le paysan du Sahel cultive sur des sols dénudés, sa récolte est maigre ; alors que celui de la Beauce, avec ses terres profondes, obtient évidemment des récoltes bien meilleures. Par la loi du marché, il instaure une concurrence déloyale très préjudiciable aux petits paysans du Sud. Au lieu de leur vendre des OGM, il conviendrait plutôt d'aider les paysans à améliorer la terre et à pratiquer un mode cultural adapté. L'agroécologie a démontré la pertinence de cette approche et des méthodes concrètes qu'elle implique en optimisant la production. Dans *L'Offrande au crépuscule*[2], j'ai détaillée le travail que j'ai effectué en Afrique pendant des années.

Dans ce carnet, nous évoquons les drames que les OGM ont provoqués en Inde ou au Burkina Faso. Leurs conséquences désastreuses ont été démontrées. Ils entraînent l'humanité vers des dérives dont elle n'a pas besoin. Pendant douze mille ans, l'humanité s'est nourrie sans OGM. Ils affaiblissent l'humanité et la mettent en danger.

Les évolutions scientifiques ne doivent pas abolir la logique de la vie telle qu'elle a été établie. La vie est intelligente. Ces manipulations vont à l'encontre de cette cohérence. Elles aboutissent à des chimères produites par l'homme et qui n'existent pas dans la nature. Nous créons des semences non maîtrisables au détriment de semences maîtrisables.

Nous ne sommes pas en train d'échafauder des hypothèses. Nous connaissons les conséquences de ces dérives. Nous en avons déjà éprouvé les aspects négatifs, puisque des paysans sont réduits au désespoir. Certains diront que j'exagère, mais les témoignages tragiques ne manquent pas. En Inde, des paysans ont été poussés au suicide. C'est criminel! C'est même un crime contre l'humanité.

— Hybrides F1 ou OGM, ces semences accentuent la perte de biodiversité car des variétés similaires sont vendues sur toute la planète. Pourquoi est-il si grave de perdre ce patrimoine semencier?

— Lorsqu'une semence est perdue, elle peut l'être à jamais. C'est un patrimoine qui s'érode. Le menu d'un être humain doit être varié. Sans nourriture diversifiée, nous sommes carencés. Notre nourriture est le garant de notre pérennité. Aujourd'hui, de nombreux aliments sont déjà carencés en micronutriments. La plante gavée de produits chimiques solubles n'est plus en capacité de puiser dans le spectre large des substances de la terre. Une plante qui pousse dans une terre normale a l'intelligence de sélectionner toutes les substances qui lui sont utiles. Avec l'utilisation de produits chimiques, toute l'énergie de la plante est dépensée à croître plus vite, au détriment de l'absorption de micronutriments.

Le patrimoine semencier s'érode très rapidement. On pourrait arriver à des situations extrêmes: l'humanité pourrait devenir complètement dépendante d'une seule source de vie. Ce serait tragique.

La biodiversité disparaît, les multinationales confisquent aux peuples la capacité de se nourrir par eux-mêmes. La question des semences dépasse largement le simple problème de la conservation des graines. L'enjeu est la survie de l'espèce humaine.

— *La question des semences – nous l'avons constaté au cours de cette enquête – cristallise les conflits. Comment expliquez-vous ces désaccords profonds ?*

— En toute circonstance, il y a des « pro » et des « anti ». C'est d'ailleurs pourquoi l'humanité ne parvient pas à s'unifier. Chacun revendique la vérité. Religion ou politique, les conflits divisent l'humanité. Tout est fragmenté. L'observation du monde nous en donne le triste spectacle. Cela me rappelle une fable indienne. Dans un village, des aveugles s'approchent d'un éléphant pour satisfaire leur curiosité. « L'éléphant est un pilier », affirme le premier en touchant sa jambe. « Non, c'est comme une corde », estime le second en touchant sa queue. « Je vois que l'éléphant ressemble beaucoup au serpent », s'exclame le troisième en touchant sa trompe. « C'est un grand éventail », rétorque le quatrième en touchant son oreille. « Non, c'est une barrique », conclut le dernier en touchant son ventre. Tous ont décrit une partie de l'éléphant, mais pas l'éléphant. C'est un sujet à controverses.

L'humanité tout entière raisonne de la même manière. Les éléments partiels deviennent des convictions, lesquelles se pétrifient et deviennent si solides que l'on ne peut plus les remettre en question. Voilà la source des conflits. Voilà pourquoi l'humanité est fragmentée. Et, pourtant, le sujet des semences n'a pas toujours créé autant de désaccords. De nos jours, les graines sont à l'origine de multiples dissensions car rien ne peut être gratuit. Les firmes s'approprient le bien commun.

— *Les enjeux financiers sont en effet colossaux, mais une autre raison explique peut-être ces débats passionnés : la spécificité de la semence. Comment la qualifieriez-vous?*

— La semence est spirituelle et mystérieuse. Je prends un grain dans ma paume, je l'examine : la vie est dedans. Dès lors que je le mets en terre, cette vie interne se révèle. La semence est porteuse de quelque chose qui est de l'ordre de l'universel. Un esprit l'anime. Ce ne sont pas seulement des mécanismes. Pourquoi la graine est-elle intelligente ? Je suis bien obligé de constater qu'elle l'est, puisque lorsque je l'enfouis dans le terreau, dans de bonnes conditions, elle sait exactement quoi faire.

Le grain est animé par une intelligence qui anime aussi l'être humain. Comment respirons-nous ? Comment digérons-nous ? Nous possédons nous-mêmes une âme subtile qui n'est pas toujours compréhensible ni explicable et qui est la raison de notre existence. Nous avons tenté d'expliquer scientifiquement la respiration, la circulation du sang ou la digestion. Mais pourquoi, fondamentalement, cet ordre-là existe-t-il ? Cette question nous amène au mystère. La science démontre les mécanismes. Elle essaie de comprendre les lois de la vie. Mais elle ne peut comprendre la loi de la vie à travers le mystère de ce qui l'anime.

La semence est fascinante. Paysan et jardinier, je prends une graine de tomate, insignifiante, à peine visible, et je la mets dans un terreau : un petit plant jaillit. À son apogée, il me donnera des kilos et des kilos de tomates. Et, dans chacune de ces tomates, de nouvelles graines seront capables de me donner d'autres kilos de tomates. La science ne peut expliquer cela. Elle constate le phénomène, mais elle ne l'explique pas.

Sans les semences, nous mourrions de faim. Leur rôle est de transmettre la vie et de nous la donner. Il y a là quelque chose de très beau et de poétique. Chaque semence porte les gènes qui la caractérisent. Elle reproduit ce qu'elle est. Moi, je fais ma petite sélection de jardinier. Si j'obtiens un fruit de bonne qualité, je garde les graines pour reproduire les caractéristiques que j'ai constatées. C'est un grand symbole de la vie. La semence est la vie concentrée dans un élément infinitésimal.

— *Certains agriculteurs et chercheurs estiment qu'il serait impossible de revenir à une agriculture à partir de semences paysannes reproductibles en toute liberté. Bien sûr, une période de transition serait nécessaire ; mais, selon vous, revenir à ces semences serait-il si difficile ?*

— Lorsque je travaillais en Afrique, en particulier au Sahel, nous avons eu de bons résultats. Les paysans utilisaient les semences locales. Partout dans le monde, pendant des siècles, nous avons utilisé ces semences. Quel est donc le problème ? Des améliorations peuvent être apportées grâce à la sélection. Nous pouvons améliorer, mais nous ne devons pas innover en récusant la nature. La nature est puissante. Nous sommes nous-mêmes les enfants de cette nature. Cette réalité, il ne faut pas la transgresser, la falsifier au point de la dénaturer. Force est de constater que nous sommes, nous-mêmes, des créatures contingentes, d'une évidente fragilité : un microbe ou un virus peut nous anéantir. Voilà qui devrait nous inciter à remettre les choses à leur place, avec élégance et réalisme.

— *Dans la dernière partie de cette enquête, nous avons traité des « nouveaux OGM ». Êtes-vous inquiet pour l'avenir ?*

— Des associations telles que Kokopelli, le Réseau Semences paysannes et bien d'autres effectuent un travail magnifique sur le terrain. Elles ont beaucoup de mérite. L'avenir est à la sauvegarde des semences traditionnelles reproductibles en toute liberté, celles qui ont traversé les siècles et qui sont en train, hélas, de se dissiper. Des lois intelligentes devront être votées. Pour cela, nous avons besoin de politiques intelligents. Mais il y a des accointances entre hommes d'affaires et politiques qui nous empêchent d'avancer. Le penseur écologiste Ivan Illich a démonté ces mécanismes par le passé. Le vote de certaines lois est, sans nul doute, soumis à l'influence d'intérêts privés.

— *À votre avis, comment agir en sorte que les lois évoluent, que les semences ne soient plus manipulées et surtout redeviennent libres ?*

— Il faudrait déjà que la population soit éveillée à tous ces problèmes. C'est la raison d'être de ce carnet : informer sur des problématiques que trop de citoyens ignorent. Seul un petit nombre de personnes est conscient de ces problèmes. L'objectif de ces « carnets d'alerte » est justement d'apporter la compréhension de ces sujets au plus grand nombre. Le rassemblement des consciences éveillées définira la suite de l'histoire. Dans le cas présent, ces sujets cruciaux sont déterminés par un espace politique dont les intérêts sont liés au monde des affaires. C'est injouable ! Il faut des citoyens éveillés. Nous pourrions imaginer des rassemblements de millions de personnes pour protester contre la disparition des semences. De telles manifestations ont bien lieu pour célébrer des victoires de football, ou d'autres événements !

Avec les semences, nous abordons des questions d'un intérêt vital absolu. Mais, je le répète, il faut que les citoyens soient éveillés à ces problématiques pour se mobiliser. Pourquoi le divertissement et le star-system occupent-ils autant d'espace ? Parce que les gens sont dépassés par la complexité du monde. Ils sont angoissés par cette complexité, ils préfèrent les diversions. Bien entendu, je n'ai rien contre le divertissement, mais son ampleur est révélatrice d'une fuite des consciences face à des enjeux dont la résolution paraît impossible. Une masse de personnes préfère se divertir, au lieu de s'impliquer lucidement dans des problématiques qui les concernent au plus haut point et qui toucheront par la suite leurs enfants.

La semence devrait mobiliser. Sans semence, pas de vie. La nature mettra ses limites. Plus nous transgressons, plus elle réagit. Nous n'en sommes pas toujours conscients, mais c'est une loi absolue.

Ce que nous faisons à la nature, nous le faisons à nous-mêmes. Car, je le ne répéterai jamais assez, nous sommes la nature.

L'envergure de la problématique des semences, dans le monde d'aujourd'hui, nécessite une urgente mobilisation de tous les humains. Un avenir viable pour les générations futures est subordonné à une insurrection créatrice de toutes les consciences.

Notes

INTRODUCTION

1. D'après la FAO, « Women : users, preservers and managers of agrobiodiversity », Rome, 1999.
2. Estimation obtenue auprès du service de presse d'ETC Group.
3. D'après le Groupement national interprofessionnel des semences (Gnis). Le chiffre d'affaires comprend les ventes en France et les exportations.

I. LA PLUPART DES SEMENCES REPRODUCTIBLES EN TOUTE LIBERTÉ… SONT INTERDITES !

1. D'après le Gnis. Conférence de presse annuelle, 1er décembre 2015.
2. Interviews réalisées en mai 2015, dans le cadre d'un reportage pour le journal de TF1.
3. R. Goffaux, I. Goldringer, C. Bonneuil, P. Montalent et I. Bonnin, « Quels indicateurs pour suivre la diversité génétique des plantes cultivées ? Le cas du blé tendre en France depuis un siècle », série « Ressources génétiques », Fondation pour la recherche sur la biodiversité, septembre 2011.
4. Shabnam Laure Anvar, « Les indicateurs de biodiversité : de l'importance du contexte réglementaire », *Courrier de l'environnement de l'Inra*, n° 54, septembre 2007.
5. Olivier De Schutter, « Politiques semencières et droit à l'alimentation : accroître l'agrobiodiversité et encourager l'innovation », Assemblée générale des Nations unies, 23 juillet 2009.

6. José Esquinas-Alcázar, « Science and society : protecting crop genetic diversity for food security : political, ethical and technical challenges », *Nature*, décembre 2005, vol. 6, p. 946-953 ; Timothy Swanson, Global Action for Biodiversity, James & James Science Publishers, 2005, p. 52.
7. Olivier De Schutter, « Politiques semencières et droit à l'alimentation », *op. cit.*
8. Plusieurs études ont montré des pertes nutritionnelles, dont celle de l'Anglaise Anne-Marie Mayer : « Historical changes in the mineral content of fruits and vegetables », *British Food Journal*, vol. 99, n° 6, 1997. Si cette dernière étude a été critiquée, elle a été confirmée par des études plus récentes, dont celle de l'Américain Brian Halweil : « Still no Free Lunch », The Organic Center, septembre 2007.
9. Pour plus de précisions, voir Pierre Rabhi, *L'Offrande au crépuscule*, Éditions de Candide, 1988 ; L'Harmattan, 2001. Prix des Sciences sociales agricoles du ministère de l'Agriculture 1989.
10. « Qu'est-ce que la biodiversité agricole ? », FAO, 2004.

II. LES OGM,
CAUSES DE VIOLENTES DISSENSIONS

1. Dr Clive James, résumé du rapport 2015 de l'Isaaa sur la situation mondiale des plantes génétiquement modifiées.
2. *Ibid.*
3. *Ibid.*
4. *Ibid.*
5. International Service for the Acquisition of Agri-biotech Applications (Service international pour l'acquisition d'applications agricoles biotechnologiques).
6. Dr Clive James, résumé du rapport 2015 de l'Isaaa sur la situation mondiale des plantes génétiquement modifiées.
7. Information obtenue par Enrico Brivio, porte-parole du commissaire européen de la santé, de la sécurité alimentaire et de l'environnement, le 5 décembre 2016. Cinquante-huit autorisations d'OGM à la culture et l'importation sont actuellement en cours.
8. Chiffre obtenu auprès du service de presse du ministère de l'Agriculture.

9. Un éleveur bio peut utiliser des aliments contaminés pour animaux jusqu'à hauteur de 0,9 % d'OGM, seuil qui correspond aux contaminations fortuites ou inévitables.
10. Institut national de la recherche agronomique.
11. Centre de coopération internationale en recherche agronomique pour le développement.
12. Julie Chauveau, « Les assureurs ne veulent pas prendre en charge le risque lié aux OGM », *Les Échos*, 7 avril 2008. Contactée, la Fédération française de sociétés d'assurances n'a pas souhaité commenter ce courrier.
13. Amaranta Herrero, Rosa Binimelis, Fern Wickson, « Just existing is resisting : The everyday struggle against the expansion of GM crops in Spain », *Sociologia Ruralis*, 14 février 2017.
14. Pour plus de détails, lire : Yves Bertheau, « OGM : de la traçabilité et de la coexistence des filières à l'aménagement du territoire », *Territoire en mouvement* (revue de géographie et aménagement), décembre 2012.
15. Institut national de la santé et de la recherche médicale.
16. Monsanto a répondu à nos questions sur les semences hybrides F1 et les semences reproductibles en toute liberté, mais n'a pas souhaité répondre à nos questions sur les OGM.
17. Committee on Genetically Engineered Crops, Board on Agriculture and Natural Resources, Division on Earth and Life Studies, National Academies of Sciences, Engineering, and Medicine, Genetically Engineered Crops : Experiences and Prospects, The National Academies Press, 2016.
18. David Demortain, « Comment faire preuve en régime de controverse ? Retour sur l'histoire de l'évaluation des OGM », *Hermès La Revue*, 2015/3 (n° 73), p. 122-128.
19. Gilles-Éric Séralini *et al.*, « Long-term toxicity of a Roundup herbicide and a Roundup-tolerant genetically modified maize », *Food and Chemical Toxicology*, vol. 50, 2012, p. 4221-4231.
20. Lors de nos investigations, les résultats de l'étude coordonnée par le professeur Bernard Salles n'étaient pas encore publiés.
21. Robert Mesnage *et al.*, « Laboratory Rodent Diets Contain Toxic Levels of Environmental Contaminants : Implications for Regulatory Tests », Public Library of Science, 10 (7), 2 juillet 2015.
22. Robert Mesnage *et al.*, « Potential toxic effects of glyphosate and its commercial formulations below regulatory limits », *Food Chemical Toxicology*, août 2015.

23. À l'origine, le terme employé était « adjuvant ». Selon certains chercheurs, le mot « formulant » est plus approprié.
24. Aujourd'hui, lorsqu'un pesticide est évalué, seul le principe actif est pris en compte, et non les autres formulants.

III. LES OGM, VINGT ANS APRÈS : UNE GRANDE DÉCONVENUE

1. Comme nous l'avons montré dans un autre carnet d'alerte : *Pour en finir avec la faim dans le monde* (Presses du Châtelet, 2017).
2. Pour plus de précisions sur la question complexe de la sécheresse, lire notamment : Richard A. Richards, « Physiological traits used in the breeding of new cultivars for water-scarce environments », *Agricultural Water Management*, vol. 80, n° 1-3, février 2006, p. 197-211.
3. « Laureates letter supporting precision agriculture (GMOs). » Depuis juin 2016, d'autres scientifiques ont ajouté leur signature. En décembre 2016, cette lettre avait été signée par cent vingt-trois Prix Nobel.
4. Un herbicide total est un produit à large spectre capable de tuer toutes les mauvaises herbes. Le plus vendu au monde est le Roundup.
5. M. Beckert, Y. Dessaux, C. Charlier, H. Darmency, C. Richard, I. Savini, A. Tibi, « Les variétés végétales tolérantes aux herbicides. Effets agronomiques, environnementaux, socioéconomiques », expertise scientifique collective, synthèse du rapport, CNRS-Inra, 2011.
6. Nombre de spécialistes préfèrent le terme d'« adventices » ou d'« herbes gênantes » à celui de « mauvaises herbes », car elles jouent un rôle essentiel au sein de l'écosystème.
7. W. W. Stone, R. J. Gilliom, K. R. Ruberg, « Pesticides in U.S. Streams and Rivers : Occurrence and Trends during 1992-2011, *Environmental Science & Technology*, septembre 2014, p. 11025-11030. Contrairement à la consommation d'herbicides, celle d'insecticides a tendance à diminuer.
8. Juan López Villar, Bill Freese et al., « Qui tire profit des cultures GM ? L'usage accru de pesticides », Les Amis de la Terre, janvier 2007, p. 13.

9. D'après le site www.weedscience.org.
10. Herbicides à base de Dicamba.
11. T. Guillemaud, E. Lombaert, D. Bourguet, « Conflicts of Interest in GM Bt Crop Efficacy and Durability Studies », *Plos One*, 15 décembre 2016.
12. D'après le communiqué de presse de l'Inra du 16 décembre 2016, « Conflits d'intérêts et publications sur le sujet des plantes OGM Bt ».
13. Meredith G. Schafer *et al.*, « The Establishment of Genetically Engineered Canola Populations in the U.S. », *Plos One*, 2011, p. 2.
14. H. J. Beckie *et al.*, « A decade of herbicide-resistant crops in Canada », *Revue canadienne de phytotechnie*, 2006, p. 1252.
15. E. J. Trigo, E. J. Cap, « Ten Years of Genetically Modified Crops in Argentine Agriculture », *ArgenBio*, décembre 2006, p. 32.
16. Donnée obtenue auprès du site de la Direction de l'information agricole et forestière d'Argentine.
17. Karl Russell, Danny Hakim, « Broken Promises of Genetically Modified Crops », *The New York Times*, 29 octobre 2016.
18. Committee on Genetically Engineered Crops, Board on Agriculture and Natural Resources, Division on Earth and Life Studies, National Academies of Sciences, Engineering, and Medicine, Genetically Engineered Crops : Experiences and Prospects, The National Academies Press, 2016.
19. Chiffre obtenu auprès du service de presse du ministre de l'Agriculture américain.
20. Pour plus de précisions sur ce point, lire : Stéphane Lemarié, Aline Fugeray-Scarbel (dir.), *Impacts des OGM sur les exploitations agricoles*, La Documentation française, 2014.
21. AICB, mémorandum sur la production et la commercialisation du coton génétiquement modifié au Burkina, mai 2015 p. 23.
22. Tous les témoignages d'agriculteurs burkinabés ont été recueillis par Rémi Carayol, journaliste pour *Jeune Afrique*. Ne les ayant pas interrogés directement, je n'ai pu réaliser de petites biographies de ces paysans.
23. Une plante génétiquement modifiée Bt produit un insecticide : une bactérie du sol nommée *Bacillus thuringiensis*.
24. Nous avons interrogé la fondation Bill et Melinda Gates au sujet de leur politique favorable aux OGM dans le carnet d'alerte *Pour en finir avec la faim dans le monde* (Presses du Châtelet, 2017).

25. Un chiffre qui concorde avec ceux d'une autre étude : Center for Human Rights and Global Justice, « Every Thirty Minutes : Farmer Suicides, Human Rights, and the Agrarian Crisis in India », NYU School of Law, 2011.
26. Dr Clive James, résumé du rapport 2015 de l'Isaaa sur la situation mondiale des plantes génétiquement modifiées.

IV. DE LA NÉCESSITÉ DE RÉHABILITER LES SEMENCES LIBRES

1. Clustered Regularly Interspaced Short Palindromic Repeats (« brèves répétitions palindromiques groupées et régulièrement espacées »). Les médias parlent souvent de CRISP-Cas9, mais c'est un abus de langage : il existe plusieurs CRISPR, dont CRISP-Cas9.
2. James R. Clapper, « Statement for the Record Worldwide Threat Assessment of the US Intelligence Community », Senate Armed Services Committee, 9 février 2016, p. 9.
3. Voici quelques exemples d'études citées à ce sujet : Q. Shan *et al.*, « Targeted genome modification of crop plants using a CRISPR-Cas system », *Nature Biotechnology*, 31, août 2013, p. 686-688 ; K. Xie *et al.*, « Genome-wide prediction of highly specific guide RNA spacers for the CRISPR-Cas9 mediated genome editing in model plants and major crops », *Molecular Plant*, vol. 7, n° 5, mai 2014, p. 923-926 ; Changtian Pan *et al.*, « CRISPR/Cas9-mediated efficient and heritable targeted mutagenesis in tomato plants in the first and later generations », *Scientific Reports*, 6, avril 2016.
4. Voici quelques exemples d'études citées : Ayal Hendel *et al.*, « Quantifying on- and off-target genome editing », *Trends Biotechnology*, 33 (2), février 2015, p. 132-140 ; Jeffrey D. Wolt, « Achieving Plant CRISPR Targeting that Limits Off-Target Effects », *Plant Genom*, vol. 9, n° 3, novembre 2016.
5. Pour plus de precisions, voici une étude réalisée à ce sujet : Puping Liang et al., « RISPR/Cas9-mediated gene editing in human tripronuclear zygotes », *Protein & Cell*, 6 (5), avril 2015.
6. Chiffres obtenus auprès de Terres Inovia.
7. Cette somme comprend l'amende globale des trois faucheurs condamnés.

8. Directive 2001/18/CE du Parlement européen et du Conseil européen relative à la dissémination volontaire d'organismes génétiquement modifiés dans l'environnement (12 mars 2001).
9. Haut Conseil des biotechnologies, « Nouvelles techniques, New plant breeding techniques, première étape de réflexion du HCB », 20 janvier 2016.
10. Les Amis de la Terre, France Nature Environnement, Greenpeace, l'Union nationale de l'apiculture française, la Confédération paysanne, la Fédération de l'agriculture biologique et le Réseau Semences paysannes.
11. Lors de la rédaction de ce livre, l'avis du HCB sur les nouvelles techniques de modifications génétiques n'était pas encore publié.
12. Nos demandes d'interviews aux ministres de l'Agriculture et de l'Environnement sont restées sans réponse.
13. Haut Conseil des biotechnologies, « Nouvelles techniques, New plant breeding techniques, première étape de réflexion du HCB », 20 janvier 2016, p. 62.
14. Avis du Conseil d'État n° 388649, 3 octobre 2016.
15. La demande n° WO/2009/097403, en date du 6 août 2009, a été refusée par l'Office européen des brevets.
16. Communiqué n° 73/10 de la Cour de justice de l'Union européenne, 6 juillet 2010.
17. C. Then, R. Tippe, « Patents on plants and animals – time to act for European politicians », No Patents on Seeds !, 2016, p. 19.
18. Le séquençage génétique n'est pas le décryptage. Il ne révèle qu'une série de lettres dont les scientifiques sont loin de connaître toutes les fonctions.
19. The International Treaty, FAO, second meeting of the ad hoc technical committee on sustainable use of plant genetic resources for food and agriculture, 2015
20. Même si les semences industrielles, omniprésentes dans les pays occidentaux, progressent sur l'ensemble de la planète, les petits paysans des pays en développement utilisent en majorité des semences reproductibles en toute liberté.
21. Olivier De Schutter, « Politiques semencières et droit à l'alimentation : accroître l'agrobiodiversité et encourager l'innovation », Assemblée générale des Nations unies, 23 juillet 2009, p. 18.
22. Y. Vigouroux, C. Mariac, S. De Mita, J.-L. Pham, B. Gerard *et al.*, « Selection for Earlier Flowering Crop Associated with Climatic Variations in the Sahel », *Plos One*, mai 2011.

CONCLUSION

1. Sondage Ifop pour WWF.
2. Sondage Ifop pour *Dimanche Ouest France.*
3. 75 % des Européens refusent les OGM : sondage Eurobaromètre publié par la Commission européenne en 2010.

ENTRETIEN AVEC PIERRE RABHI

1. Pierre Rabhi, Juliette Duquesne, *Pour en finir avec la faim dans le monde*, Presses du Châtelet, 2017.
2. Pierre Rabhi, *L'Offrande au crépuscule*, Éditions de Candide, 1988 ; L'Harmattan, 2001. Prix des Sciences sociales agricoles du ministère de l'Agriculture 1989.

Lexique

Agroécologie : ce terme a aujourd'hui une définition très large. Chacun en donne sa propre interprétation. Depuis peu, certains défenseurs du modèle industriel l'utilisent pour évoquer une agriculture raisonnée dite de développement durable. Cette terminologie leur permet d'échapper au cahier des charges de l'agriculture biologique et de faire du « *greenwashing* » – une sorte de marketing vert. Pour d'autres, comme Pierre Rabhi, l'agroécologie va bien plus loin que le cahier des charges de la bio, c'est une éthique de vie depuis des dizaines d'années : « L'agroécologie n'est pas une fin en soi, me semble-t-il, mais un prodigieux moyen qui peut nous permettre un autre regard sur le monde à partir de l'expérience objective du vivant. Pour devenir une véritable solution alternative, ce moyen doit s'accompagner d'une mutation de la conscience et d'un rapport différent à l'argent. » Dans le système agroécologique, le paysan est autonome. Il ne dépend pas des prix fixés sur les marchés mondiaux.

Brevet/cov : munies d'un brevet, les semences, les cellules végétales ou les séquences d'ADN sont protégées pendant vingt ans. Depuis la commercialisation des OGM, le nombre de brevets ne cesse d'augmenter. Les nouvelles techniques de modification du génome sont également brevetées. L'origine de CRISPR est en outre l'objet d'une bataille aux États-Unis. Le certificat d'obtention végétale (COV), de conception européenne, est plus souple que le brevet, qui est américain. Pour être protégée par le COV, une variété doit être stable, distincte et homogène. Une entreprise peut se servir d'une variété protégée par un COV pour en créer une nouvelle, ce qui est impossible avec le brevet.

Criigen : le Comité de recherche et d'information indépendantes sur le génie génétique est un laboratoire créé en 1999. Indépendant des entreprises semencières et des fabricants de pesticides, il a une approche pluridisciplinaire et regroupe une quarantaine de chercheurs internationaux. Unique au monde, cette structure est celle qui a publié le plus d'articles sur les OGM et les pesticides, selon Gilles-Éric Séralini. « Beaucoup de ceux qui nous critiquent n'ont jamais publié d'article expérimental, déclare-t-il. L'équipe du Criigen a publié plus d'une centaine d'articles dans d'importantes revues à comité de lecture. » Accusés d'avoir été financés par Carrefour les premières années, les fondateurs rétorquent que leurs intérêts ont été convergents car cette enseigne de la grande distribution souhaitait créer une filière sans OGM.

Gnis : le Groupement national interprofessionnel des semences et plants rassemble les professionnels de la semence, et notamment les semenciers. Il est aussi responsable de l'application de la réglementation sur les semences. En France, pour être commercialisée, une variété doit être référencée dans un catalogue officiel et doit pour cela répondre à trois critères : stabilité, homogénéité et distinction.

HCB : le Haut Conseil des biotechnologies a été créé en 2008, à la suite des débats sur les OGM. Unique au monde, cette structure a vocation à rassembler tous les acteurs et les points de vue autour de la problématique des OGM. Lors du premier mandat, à la suite de désaccords, les semenciers avaient démissionné du HCB. Lors du deuxième, en 2016, les acteurs de la société civile ont à leur tour démissionné : ils ne voulaient pas servir de caution à un débat qu'ils estiment tronqué. Les avis rendus par cette institution ont pour objet d'aider le gouvernement à faire des choix politiques.

« Nouveaux OGM » : on les appelle également « New Plant Breeding Techniques » (NPBT), nouvelles techniques de modification du génome, nouvelles techniques d'édition ou de sélection de plantes, ou encore nouvelles techniques de manipulations génétiques. Autant de désignations, autant de controverses. Ces nouvelles techniques regroupent des moyens très différents de modification du génome. Les plus connus recourent à des « ciseaux ADN » pour induire une mutation ou introduire un gène.

OGM : organisme génétiquement modifié. Dans ce carnet, nous avons traité principalement des OGM agricoles. Dans le monde, la quasi-totalité des OGM cultivés sont des « plantes pesticides ». Ces plantes peuvent être tolérantes à un herbicide chimique, qu'elles absorbent sans en mourir. D'autres fabriquent elles-mêmes l'insecticide. Certaines plantes génétiquement modifiées combinent plusieurs de ces caractères. Plus de 85 % d'entre elles ont au moins un caractère de tolérance à un herbicide. Contrairement aux « nouveaux OGM », il s'agit d'OGM transgéniques, ce qui signifie que l'on a introduit dans la plante au moins un gène provenant d'une espèce à laquelle elle n'appartient pas.

Semences hybrides F1 : la commercialisation de ces semences, qui appartiennent à des entreprises, est légale. Il faut compter au moins dix ans pour inventer une nouvelle variété et deux ans pour la produire : un processus trop long et trop complexe pour que l'agriculteur puisse la produire lui-même. Les hybrides ont toujours existé, mais les hybrides F1 sont d'une sorte particulière. Ces semences proviennent du croisement de deux parents autofécondés (l'ovule est fécondé par du pollen issu de la même plante) pendant plusieurs générations. L'« enfant » de ces deux lignées pures est un hybride F1. Il fait preuve de vigueur pour une génération seulement. En d'autres termes, la graine permet d'obtenir un bon rendement une seule année. L'agriculteur qui ressème ces graines obtiendra une culture très disparate et inexploitable. Il lui faudra donc racheter des semences chaque année. Couplées aux engrais chimiques, les semences hybrides F1 ont un bon rendement. Les hybrides F1 ne sont pas limités aux semences conventionnelles. Il existe des OGM hybrides F1.

Semences reproductibles en toute liberté : les semences libres et reproductibles – également appelées semences anciennes, semences paysannes, semences traditionnelles, ou encore variétés populations – peuvent provenir d'une longue sélection réalisée par des paysans depuis des millénaires. Elles n'appartiennent à personne et sont libres de droits. Elles sont reproductibles, c'est-à-dire que l'agriculteur peut les ressemer à l'infini, sans frais. Leur commercialisation est en grande partie illégale en Europe depuis 1966. Dans ce domaine, la France a été un pays précurseur : la réglementation a commencé à se mettre en place dès 1949.

Liste des personnes interrogées et citées

BADOUN Nikodime, agriculteur burkinabé.
BAIMEY Ange David, représentant de Grain en Afrique.
BARRY Yaya, agriculteur burkinabé.
BECKERT Michel, directeur de recherche à l'Inra.
BERTHEAU Yves, directeur de recherche à l'Inra, détaché au Muséum national d'histoire naturelle de Paris.
BOVÉ José, député européen écologiste.
BRAULT Jean-Luc, fondateur de Graines del Païs.
CHABLE Véronique, ingénieur de recherche en génétique végétale et sélection participative à l'Inra.
DALLE Suzanne, chargée de campagne Agriculture chez Greenpeace.
DESBROSSES Philippe, l'un des fondateurs du mouvement bio en France.
DO Yezoum, agriculteur burkinabé.
ESMIOL Jeremy, agriculteur dans l'Ariège.
EVAIN Daniel, agriculteur bio, ancien sélectionneur chez Monsanto.
FICHET Yann, directeur des affaires institutionnelles et industrielles de Monsanto France.
GAUTIER Jacques, directeur général de Gautier Semences.
GUEY Delphine, directrice des Affaires publiques et presse du Gnis.
GUILLET Ananda, directeur de Kokopelli.
HERRERO Amaranta, chercheuse espagnole.

JOUDRIER Philippe, ancien président du comité d'évaluation des OGM de l'Agence française de sécurité sanitaire et alimentaire.

KASTLER Guy, cofondateur du Réseau Semences paysannes.

KOCHKO Patrick de, coordinateur du Réseau Semences paysannes.

LABRUNIE Fabien, agriculteur.

LEGAY Christian, représentant d'Autre Terre au Burkina Faso, au Mali et au Sénégal.

LEPAGE Corinne, avocate et femme politique.

LOGAN Joe, agriculteur aux États-Unis.

MAGARINOS-REY Blanche, avocate spécialisée en droit environnemental.

MEUNIER Éric, journaliste pour le site Inf'OGM.

NOIVILLE Christine, présidente du HCB.

PUYGRENIER André, agriculteur à la retraite.

RÉMONDET Martin, responsable scientifique au sein du Comité économique, éthique et social (CEES) du HCB.

ROGOWSKY Peter, coordinateur d'un projet de recherche sur les nouvelles techniques de modification du génome.

ROELLINGER Olivier, chef cuisinier et vice-président des Relais & Châteaux.

SAWADOGO Houssine, agriculteur burkinabé.

SÉRALINI Gilles-Éric, biologiste moléculaire.

SHIVA Vandana, physicienne et militante écologiste indienne.

SIRVINS Jean-Marie, vice-président de l'Unaf.

SPIROUX DE VENDÔMOIS Joël, médecin.

TESTART Jacques, père du premier bébé éprouvette.

TUMERELLE Guillaume, avocat spécialisé dans le droit rural et environnemental.

VELLVÉ Renée, cofondatrice de l'association Grain.

VÉLOT Christian, biologiste moléculaire.

WITTEVERT Sébastien, fondateur de Graines de troc.

Bibliographie

Astruc Lionel, *Vandana Shiva : victoires d'une Indienne contre le pillage de la biodiversité*, Terre vivante, 2011.

Bonneuil Christophe, Thomas Frédéric, *Semences : une histoire politique*, Charles-Léopold Mayer, 2012.

—, *Gènes, Pouvoirs et Profits : recherche publique et régimes de production des savoirs, de Mendel aux OGM*, Quae, 2009.

Bové José, Luneau Gilles, *L'Alimentation en otage*, Autrement, 2015.

Brac de La Perrière Robert Ali, *Semences paysannes, plantes de demain*, Charles-Léopold Mayer, 2014.

Desbrosses Philippe, *Manifeste pour un retour à la terre*, Dangles Éditions, 2012.

Farinelli Bernard (dir.), *Campagnes, l'alternative !*, Libre & Solidaire, 2016.

Grall Jacques, Roger Lévy Bertrand, *La Guerre des semences : quelles moissons ? Quelles sociétés ?*, Fayard, 1985.

Guillet Dominique, *Semences de Kokopelli*, La Voix des semences, 2014 (13e éd.).

Lemarié Stéphane, Fugeray-Scarbel Aline (dir.), *Impacts des OGM sur les exploitations agricoles*, La Documentation française, 2014.

Joudrier Philippe, *OGM : pas de quoi avoir peur !*, Le Publieur, 2010.

Kafadaroff Gérard, *OGM, la peur française de l'innovation*, Éditions Baudelaire, 2013.

KUNTZ Marcel, *OGM, la question politique*, Presses universitaires de Grenoble, 2014.

LEPAGE Corinne, *La Vérité sur les OGM, c'est notre affaire*, Charles Léopold Mayer, 2012.

MACIEJEWSKI Jean, *Semences et Plants*, Lavoisier-Tec & Doc, 1991 ; rééd. 2013.

MAGARINOS-REY Blanche, *Semences hors-la-loi. La biodiversité confisquée*, Alternatives, 2015.

MOONEY Pat Roy, *Les Semences de la Terre, une richesse publique ou privée*, Inter pares, 1979.

RABHI Pierre, *L'Offrande au crépuscule*, Éditions de Candide, 1988 ; L'Harmattan, 2001. Prix des sciences sociales agricoles du ministère de l'Agriculture.

Réseau Semences paysannes, *Semences et droits paysans : comment les réglementations internationales affectent les semences paysannes*, Semences paysannes, 2009.

SÉRALINI Gilles-Éric, *Tous cobayes : OGM pesticides, produits chimiques*, Flammarion, 2012.

SÉRALINI Gilles-Éric, DOUZELET Jérôme, *Plaisirs cuisinés ou poisons cachés*, Actes Sud, 2014.

SHIVA Vandana, *La vie n'est pas une marchandise : les dérives des droits de propriété intellectuelle*, Éditions de l'Atelier, 2004.

TESTART Jacques, *À qui profitent les OGM ?*, CNRS éditions, 2013.

—, *Rêveries d'un chercheur solidaire*, La Ville brûle, 2016.

TESTART Jacques, CHUPEAU Yves, *OGM : quels risques ?*, Éditions Prométhée, 2007.

VÉLOT Christian, *OGM, tout s'explique*, Goutte de Sable, 2009.

—, *OGM : un choix de société*, l'Aube, 2011.

SITOGRAPHIE :

www.criigen.org
www.etcgroup.org
www.femmes-semencieres.com
www.generations-futures.fr
www.gnis.fr
www.grainesdetroc.fr
www.infogm.org
www.irri.org
www.isaaa.org
www.kokopelli-semences.fr
www.monsanto.com
www.no-patents-on-seeds.org
www.semencespaysannes.org
www.weedscience.org
www.julietteduquesne.fr
www.pierrerabhi.org

Table

Cet ouvrage a été composé
par Soft Office (à Eybens)

Impression réalisée par

PRÉSENCE GRAPHIQUE

en mars 2017
pour le compte des Presses du Châtelet

Imprimé en France
N° d'impression : 031757393
Dépôt légal : avril 2017